数学世界探险记

妙趣横生的集合

刘修博 编译

哈尔滨工业大学出版社

图书在版编目(CIP)数据

妙趣横生的集合/刘修博编译. —哈尔滨:哈尔滨工业大学出版社,2012.4(2013.7 重印)

(数学世界探险记)

ISBN 978-7-5603-2892-8

Ⅰ.①妙… Ⅱ.①刘… Ⅲ.①集论-少年读物 Ⅳ.①O144-49

中国版本图书馆 CIP 数据核字(2012)第 265287 号

策划编辑	甄淼淼 刘培杰
责任编辑	李广鑫
出版发行	哈尔滨工业大学出版社
社　　址	哈尔滨市南岗区复华四道街 10 号　邮编 150006
传　　真	0451-86414749
网　　址	http://hitpress.hit.edu.cn
印　　刷	哈尔滨市工大节能印刷厂
开　　本	787mm×1092mm　1/16　印张 8.75　字数 137 千字
版　　次	2012 年 4 月第 1 版　2013 年 7 月第 3 次印刷
书　　号	ISBN 978-7-5603-2892-8
定　　价	198.00 元(套)

(如因印装质量问题影响阅读,我社负责调换)

编 者 的 话

我曾在中国生活到大学毕业，中学毕业于一所省级重点中学，数学一直是我的一个弱项，尽管后来我考入了西南交通大学，但数学一直困扰着我，回想起近20年学习数学的经历，我现在才认识到是小学时没能激发起学习数学的兴趣，当时的小学课本及"文化大革命"后期的数学老师讲解过于枯燥。

大学毕业后，我到了日本，发现日本有许多数学课外书编的很生动、有趣，而且图文并茂，我的小孩很爱读。

新闻业有一句听上去很绝望的格言，叫做"给我一个故事，看在上帝的份上，把它讲得有趣些"这句话其实更应对数学界说。近年来，我成立了翻译公司便着手开始编译了这套适合中、日儿童的少年科普图书。

这套丛书共由十册组成。

第一册　　有趣的四则运算。
第二册　　各种各样的单位。
第三册　　恼人的小数分数。
第四册　　稀奇古怪的单位。
第五册　　有关图形的游戏。
第六册　　神奇莫测的箱子。
第七册　　隐藏起来的数字。
第八册　　妙趣横生的集合。
第九册　　上帝创造的语言。
第十册　　超常智力的测验。

这套书的读者对象是少年儿童，所以选择以探险为故事情节。

有人说儿童总是显得比成年人勇敢，恰似小型犬总是比大型犬显得勇敢，可是宠物专家说，那不是勇敢，只是容易激动。儿童比成人有好奇心，就让这难得的好奇心带着儿童走进数学的殿堂。

刘修博
2013年1月于日本

米丽娅　爸爸，请告诉我，什么是集合？

爸　爸　在英语里，集合就是"set"，意思是"一套"，"一组"。例如，一套咖啡餐具就是一个集合。它包含咖啡杯、小碟、小匙等一些物件。再如，会客室的成套家具也是一个集合。它由桌子、沙发、椅子……一些物件组成。总之，把适合一定条件的一些东西聚集到一起，就组成一个集合。

米丽娅　如果以我们家为例，那么，爸爸、妈妈、我和弟弟也能成为一个集合吗？

爸　爸　噢，这是一个很好的例子嘛。这的确是一个集合。

米丽娅　集合也算是数学吗？

爸　爸　算，而且是很有趣的数学。正因为它有趣，所以你会一下子就喜欢上它。

米丽娅　那我太高兴啦。这回我们探险队将和开心博士一起到"机器人学校"边参观边学习集合。据说那里有许多可爱的机器人……

到机器人学校去

（开心博士带领米丽娅他们去机器人学校参观。这个学校一共有25名学生，据说都是可爱的机器人孩子。到那儿一看，这个学校很像是一座幼儿园。

一进入那道枫树后面的楼门，就看到迎面墙上挂着一幅由圆、三角形和正方形组成的画。）

（萨沙不以为然地微笑着）

萨　沙　根据画上这些图形编制出来的问题，不过是幼儿园的水平嘛。

（然而，米丽娅却另有高见）

米丽娅　萨沙，不要小瞧这些图形。通过这些图形可以学习集合呢！

萨　沙　这里还有集合？

米丽娅　告诉你，把适合一定条件的一些东西聚集到一起就成为一个集合。在画上的这些图形里，如果你给出的限定条件是三角形，那么，按这个条件，把所有三角形聚集到一起，就组成一个集合。如果你给出的限定条件是红颜色，那么按这个条件，把所有红颜色的图形聚集到一起，也组成一个集合。

罗伯特　照你的说法，如果说"把红色的图形聚集到一起"，那么只考虑图形的颜色就行了。至于图形的形状，就不要去管了。是吧？

萨　沙　正是如此。如果说"把三角形聚集到一起"，那么只考虑形状就行了。至于颜色，就不要去管了。

开心博士　如果说"把红色的圆聚集到一起"，那么颜色和形状就都要考虑。按条件，只能把具备"红"和"圆"两个条件的图形聚集到一起。

把圆聚集到一起!
把正方形聚集到一起!
把三角形聚集到一起!

数学世界探险记

把同类的动物聚集到一起

（进入楼门后，还看到右边的墙上挂着一幅有各种各样动物和人的画。于是，引出了下面的讨论。）

萨 沙　这幅画看起来挺有趣啊。现在我们讨论讨论按什么条件来划分这些动物和人？

嘟 嘟　如果让我来划分，那么我就按"我喜欢，不喜欢"的条件来划分。我喜欢的有人、黑猩猩、考拉、鲸鱼、海龟、青蛙；我不喜欢的有蝙蝠、蛇、蜥蜴；谈不上喜欢或不喜欢的有鼯鼠、隐鼠……

罗伯特　喜欢或不喜欢是因人而异的，拿我来说，就不喜欢青蛙。所以用喜欢或不喜欢做标准，是划分不清的。

萨 沙　我看以"生活在陆地上，生活在海洋里"为标准来划分就行了。

米丽娅　这样一来，人啊，隐鼠啊，蛇啊，就划在一起了。可是这也不行，拿蛇来说，既有生活在陆地上的蛇，又有生活在海洋里的蛇啊！

嘟 嘟　这是一个很好的发现。那么，用"身上长毛或不长毛"做标

准来划分怎么样？

罗伯特　这样一来，人和蝙蝠可就成为同类了！

米丽娅　那么，以"在空中飞，在海里游，在陆地上跑"为标准来划分如何。

萨 沙　如果这样来划分，那么生活在树上的考拉归到哪一类去？不能在陆地上跑的隐鼠归到哪一类去？只能

请把这幅画中的动物和人按不同的特征性质划分成几组!

像滑翔机那样滑翔的鼯鼠归到哪一类去?

米丽娅 这可不好办了。究竟以什么为标准划分好呢?

罗伯特 我看还是这样划分吧:灵长类里有人、黑猩猩,哺乳类里有马、鼯鼠、鲸鱼、隐鼠、考拉,爬虫类里有青蛙、海龟、蛇、蜥蜴、蝙蝠。噢,想起来了,我们对照一下动物鉴,看看这么划分行不?

数学世界探险记

开心博士 大家对动物的分类感到为难了吧?

在很早很早以前的石器时代，人们只能用"大、小"来简单地区分动物。按这种区分办法，鲸鱼啦，马啦，算是大的，隐鼠啦，青蛙啦，算是小的。可是，黑猩猩算大的还是算小的呢?

古希腊有一位名叫亚里士多德的学者。他曾提出用血液的颜色是否是红的来区分动物，其中也包括人。大家知道，人和蛇的血都是红的。如果按这个办法来区分，那么人和蛇就是同类的了。

可是，如果按罗伯特提出的区分方法，也有不妥之处。拿青蛙来说，它不属于爬虫类，而属于两栖类。还有蝙蝠，它不属于爬虫类，而属于哺乳类。下图给出了最好的区分方法。

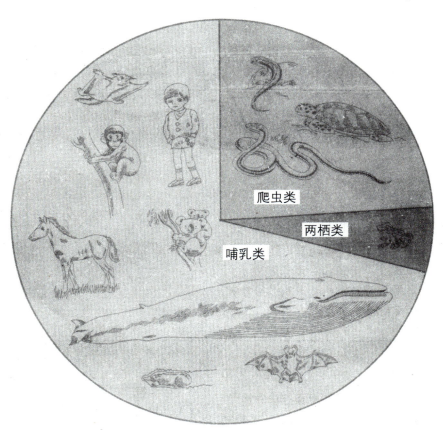

蝙蝠属于哺乳类呀!以前我还不知道呢。

青蛙属于两栖类呀!

看一看动物进化图

喜 鹊 下图简要地给出了动物的进化过程。灵长类中的人和黑猩猩,可以归属于哺乳类中有胎盘的动物之中。

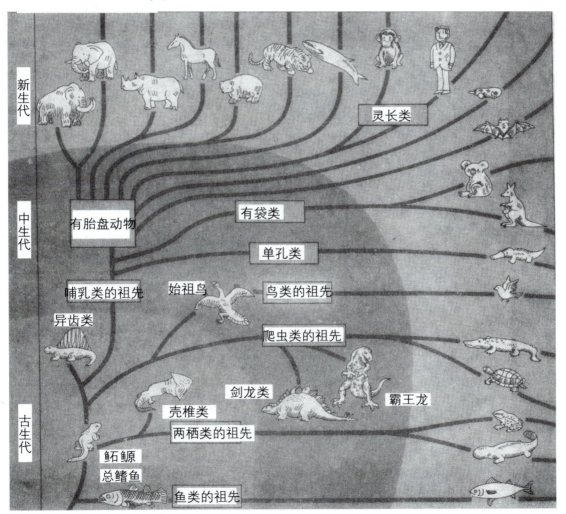

萨 沙 这好像是生物学的事,怎么和集合的问题弄到一起了呢?

喜 鹊 请你好好看一看,这里面是很有意思的。

把同类的汉字聚集到一起

大块头 这里摆着许多汉字。你能把这些汉字按不同的特征分成几组吗?

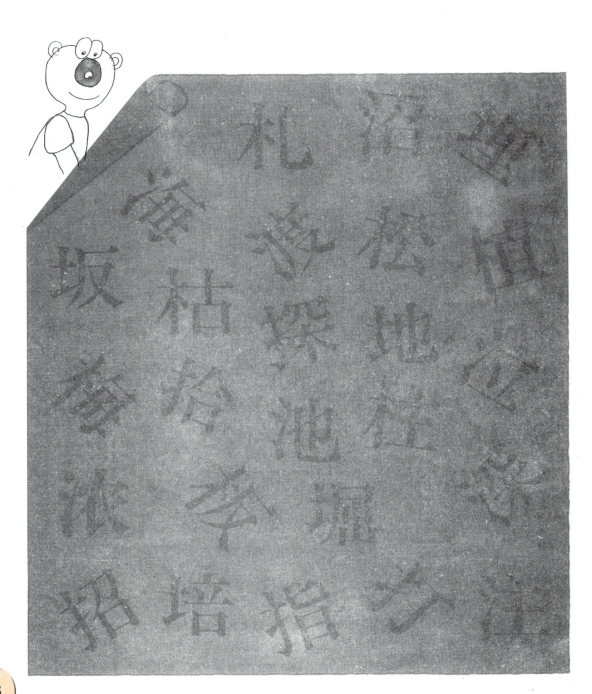

萨沙 只要注意到字的偏旁和右旁，对这些汉字进行分组是不难的。

可是，这也是数学吗？真使人不敢相信。

罗伯特 不管怎么样，还是做做看吧。

米丽娅 如果用偏旁来划分的话，那么有氵、木、扌、土四种情况。

萨沙 如果用右旁来考虑的话那么可以得到"注和柱"、"沼和招"、"板和坂"、"池和地"等一些组。

罗伯特 如果用萨沙的办法来做，那么只能划分一部分汉字。我看还是按偏旁来划分吧。这样，全部这些汉字可以分成四组。以氵为偏旁的有"海、池、沼、注、泣、渡、深、浓"八个字。

萨沙 以木为偏旁的有"梅、松、柱、板、札、植、枯"七个字。

米丽娅 以扌为偏旁的有"指、打、招、拾、探"五个字。以土为偏旁的有"地、坂、埋、堀、培"五个字。总共分成四组。

嘟嘟 我把用鱼做偏旁的汉字找出来一些。怎么样？很有趣吧？你还能找出一些吗？

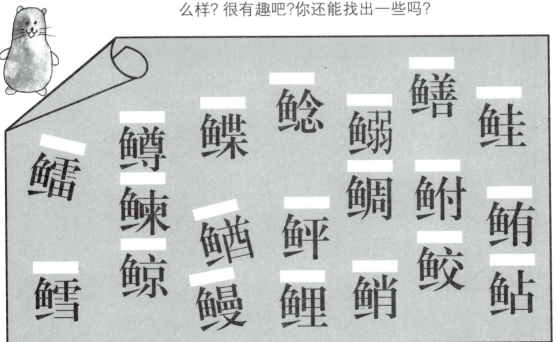

哪些县不临海？

胖噜噜 在这里给出了日本国的一些县。日本虽然是岛国，但是也有不临海的县。请你把不临海的县指出来。

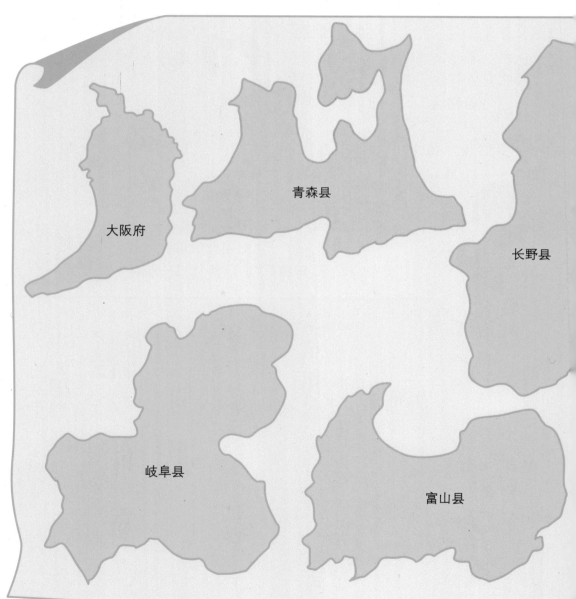

罗伯特 可别弄错啦,还是把日本国的地图拿来考察一下吧。

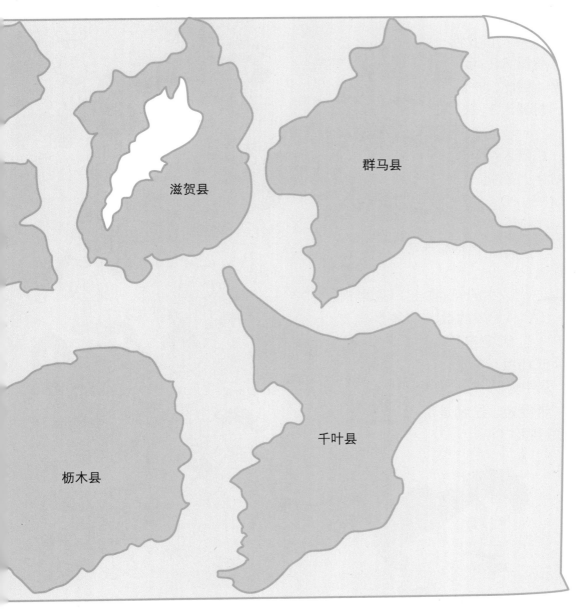

25个机器人孩子

(教室的门开了,机器人孩子们蜂拥而出。一看,既有男孩,又有女孩。其中,有戴眼镜的,有长的很胖的……他们个个都像一年级小学生,十分可爱。)

机器人1 我们一共有25人。

机器人2 我们各自的衣服上都有编号,因此,一看就知道是谁了。

机器人3 这编号就是我们的姓名卡。

机器人4 由于我们没有通常的那种名字,因此,就用编号来呼喊我们吧!

(这时,机器人孩子们欢腾跳跃起来。不一会儿,他们全都跑到学校的庭院里。)

开心博士 这里有从1~25的数。这些数当然也能像前面的动物和汉字那样分成几组。现在请你们自己规定条件,从中分出一组来。

米丽娅 这就是说,规定什么条件都行啰。

 罗伯特 把从1到25中的奇数聚集在一起。

 米丽娅 把从1到25中的3的倍数聚集在一起。

 萨 沙 把从1到25中的不小于5和不大于15的数聚集在一起。

开心博士 你们都做的很好啊。像这样,如果把奇数啦,偶数啦,某数的倍数啦,不小于某数和不大于某数啦,当做分组的条件,那么就可以把适合条件的数聚集到一起形成一个组。

像前面已经讨论过的,如果把哺乳类啦,氵啦,当做分组的条件,那么就可以把适合条件的动物或汉字聚集在一起形成一个组。

一般地说,把适合一定条件的东西聚集到一起就形成所说的"集合"。

集合怎么是数学呢?

(萨沙问开心博士)

萨沙 您说把适合一定条件的东西聚集到一起就成为集合,这个我已经懂了。可是,集合怎么是数学呢?这我还不太理解。

米丽娅 把适合一定条件的汉字聚集到一起,这好像是语文。

罗伯特 把不临海的县聚集到一起,这好像是地理;而把适合一定条件的动物聚集到一起,这好像是生物。

开心博士 我要告诉你们的是:组成集合的东西不是非得数不可,而是什么都行。像"你的家里人"啦,"我们班里的学生"啦,"一本教科书上的汉字"啦,都能组成集合。

集合这个概念就得像上面说的那样来理解。为了全面地考虑一些事物,有的数学家早就想到了集合这个概念。

德国有一位名叫康托的数学家。他把一生都用在无限的研究上。是他最先提出了集合的概念。可是,在他的思想还没被别人接受的时候就与世长辞了。

米丽娅 开心博士,机器人学校的老师来了。

(这时,只见一位身材高大的男老师走过来,开心博士紧紧地握住了他的手。)

开心博士　S先生，您好！
（开心博士回头看着大家）

开心博士　我来向你们介绍。S先生是出色的机器人专家。他把自己制作的机器人拿到这里来做训练呢。

米丽娅　初次见到您，S老师，我叫米丽娅。

萨　沙　我叫萨沙，请老师多关照。

罗伯特　原来这些可爱的机器人都是您制作的呀！真了不起。

机器人专家S　你们都很顽皮可爱。这次我让你们来，是要和你们一起来探讨集合的问题。

（机器人专家S把头探到窗外，向正在庭院里玩耍的机器人孩子喊起来）

机器人专家S　喂，回来，大家到教室里集合！

（机器人孩子们一窝蜂似地跑进教室。眼看着就要讨论集合啦。那么，请你也一块来学习吧！）

妙趣横生的集合

目 录

注意确定集合的条件 —————————————— 20
探险队的队员考虑出来的集合 ———————————— 21
集合与元素 ——————————————————— 25
关于记号 ∈ —————————————————— 29
空集合 ————————————————————— 31
集合的大小 ——————————————————— 33
子集合 ————————————————————— 37
交集 —————————————————————— 43
并集 —————————————————————— 51
∩ 和 ∪ 的法则 ————————————————— 57
$A \cup B = B \cup A$ —————————————————— 58
$A \cap B = B \cap A$ —————————————————— 60
$(A \cup B) \cup C = A \cup (B \cup C)$ ———————————— 62
$(A \cap B) \cap C = A \cap (B \cap C)$ ———————————— 64
$A \cup A = A$ ————————————————————— 66

$A \cap A = A$ —————————————————————— 67
如果 $A \subset B$，那么 $A \cap B = A$，$A \cup B = B$ ————— 68
$A \cap (B \cup C) = (A \cap B) \cup (A \cap C)$ ——————— 70
补集合 ————————————————————————— 77
$\overline{(B \cap C)} = \overline{B} \cup \overline{C}$ ————————————————— 80
$\overline{(B \cup C)} = \overline{B} \cap \overline{C}$ ————————————————— 81
元素的个数 ————————————————————— 85
$n(B \cup C) = n(B) + n(C) - n(B \cap C)$ ————— 87
小黑怪的挑战 —————————————————— 90
数学家康托 ————————————————————— 100
树图 ———————————————————————————— 102
树图的应用十分广泛 ————————————— 104
集合的乘法 ————————————————————— 120
两个集合相乘 —————————————————— 122
让1位数与1位数相加，总共能写出多少道题 —— 124
答案 ————————————————————————— 128

数学世界探险记

　　S先生面向机器人孩子们举起了一块大硬纸板。在这块纸板上写着……

高个的机器人孩子集合！

(25个机器人孩子像小白鼠似地蹦蹦跳跳地跑来跑去。可是，想把机器人孩子们按高个和矮个分成两组能行吗?)

机器人25　滑头!有人硬充高个啦!

机器人24　我算哪组的? 我认为我是高个。

机器人16　你不能算是高个吧!

机器人1　滑头!有人踩高跷啦!

(就这样，出现了一片混乱的场面。)

罗伯特　哎哟，乱糟糟地吵的好凶啊!这样，高个的机器人不就不能集合到一起了吗?

米丽娅　这样下去，不就没法分组了吗?

萨　沙　瞧，5号孩子站到椅子上去了!

罗伯特　哈哈，还有骑脖颈的呢!

米丽娅　说这些孩子们一般高当然不对。可是，在他们当中最高和最矮的也就相差10 cm吧。我看按高个和矮个这样的条件把机器人分开是不行的，条件不明确呀。

萨　沙　怎么不行呢? 我看行。可是，为什么高个的机器人就集合不起来呢?

注意确定集合的条件

S 大家已经觉察到用"高个"这个条件不能把机器人明确地划分成两组吧？

(专家S亲切地说)

S 乍听起来,"高个"这个条件似乎也是很明确的。但是,稍加考虑就会发现,究竟身高多少算是高个？这在客观上并没有确定的标准。关于这一点,大家从刚才出现的混乱的场面中已经看得很清楚。

那么,怎样做才能把高个的机器人聚集起来呢？

(专家S环视一周,观察大家的表情。)

罗伯特 我想,如果喊"1 m以上的机器人集合"就行了。

S 说得对。一般地说,无论把什么东西聚集起来都能成为集合。但是,确定一个集合条件必须是谁都明确的。由于每个人的感觉和看法不尽相同,因此,像"高个的集合"啦,"我所喜欢的动物集合"啦,"可爱的女孩的集合"啦,等等,都是无法确定的。总而言之,如果用给出的条件,不能确定集合所包含的东西的范围,那是不行的。

好了。现在我再一次向机器人孩子们发号施令,看看会怎样？

(机器人专家S高声地喊起来)

S 身高115 cm和115 cm以上的机器人集合！

（号令一下，身高115 cm和115 cm以上的12个机器人很快地集合到一起。）

探险队的队员考虑出来的集合

开心博士　正像S先生说的,确定一个集合,条件是重要的。现在请大家用明确的条件做出几个集合来。

(米丽娅他们各自考虑出几个集合。可是,他们做出的集合正确吗?)

罗伯特做出的集合
- ●机器人学校的男机器人集合。
- ●我的家庭成员的集合(爸爸,妈妈,我,妹妹,小猫蓓蓓,2只文鸟)。
- ●我们班领到学校发的自行车通行证的学生。

萨沙做出的集合
- ●机器人学校的戴眼镜的机器人的集合。
- ●在公园玩的孩子的集合。
- ●数学探险队成员的集合(开心博士,喜鹊,大块头,胖噜噜,嘟嘟,米丽娅,罗伯特,我)。

米丽娅做出的集合
- ●机器人学校的佩带蝴蝶结的女机器人的集合。
- ●偶数的集合(2,4,6,8,10,12,14,16,18,20,22,24,26,28,30,32,34……)。
- ●从1到100中10的倍数的集合(10,20,30,40,50,60,70,80,90,100)。

在这当中,有条件不明确的集合。请探讨一下,是哪个呢?

探险队队员做出的集合正确吗?

开心博士 现在一个一个地来考察你们做出的集合是否正确。

首先看罗伯特做出的集合。

●机器人学校的男机器人集合。

这是一个很明确的集合,做得很好啊。

●我的家庭成员的集合(爸爸,妈妈,我,妹妹,小猫蓓蓓,2只文鸟)。

哎哟哟,家庭成员不是指人说的吗?

罗伯特,在你的快乐的家庭里,把小猫蓓蓓和2只文鸟算做家庭成员可不行啊。你的家庭成员的集合只能由你的爸爸、妈妈、你和你的妹妹4人组成。

●我们班领到学校发的自行车通行证的集合。

这个集合是明确的,做得很好。

(接下来,开心博士拿出萨沙做出来的集合。)

开心博士 这回看萨沙做出的集合。

●机器人学校的戴眼镜的机器人的集合。

这个可以,很好。

●在公园玩的孩子的集合。

这个怎么样?

萨沙 开心博士,这个我做错了。说孩子不行,到底怎样年龄的人才算是孩子?

开心博士 你说得对。"孩子"这个词所表达的意思是很模糊的,因此,不能用它做确定集合的条件。另外,所说的公园也不明确,是哪个公园?还有,时间也不明确。如果说"在今天午后3点15分在我们这个城市的中央公园里玩的小学6年级孩子的集合"就没问题了。

萨沙 开心博士刚才说的在"中央公园里"的"里"字很重要。如果没这个里字,那么在公园入口处玩的孩子算不算在公园玩的孩子?

●数学探险队成员的集合。

这个集合没问题,做得很好。

开心博士　下面看看米丽娅做出的集合。

● 机器人学校的佩带蝴蝶结的女机器人的集合。

这是一个很讨人喜欢的集合，很好。

● 偶数的集合。

这也是一个很好的集合。不过我要问一下米丽娅，偶数究竟有多少？

米丽娅　您问的是偶数吗？

开心博士　是的，是偶数。

米丽娅　从2开始，接下去是4，6，8，……。偶数有无限多，怎么也数不完。

开心博士　对。因为是无限多，所以怎么也数不完。

那么我请问，把适合条件的无限多个东西聚集起来，能成为一个集合吗？

米丽娅　这个问题我清楚。说"把适合条件的无限多个东西聚集到一起不能成为集合"是不对的。

开心博士　是这样。在数学中考虑的集合，也包括由无限多个东西组成的集合。这样的集合叫做无限集合。不过，在小学阶段暂时不讨论无限集合。

● 从1到100中10的倍数的集合。

这个可以。如果条件只说10的倍数，那么适合条件的数又将是无限多个。但是，由于有"从1到100"的条件，因此就可以把适合条件的数一个一个地写出来了。

讨论到这儿，大家对集合这个概念都搞清楚了吧！

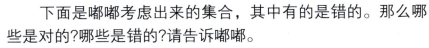

下面是嘟嘟考虑出来的集合，其中有的是错的。那么哪些是对的？哪些是错的？请告诉嘟嘟。

1. 从1到10的自然数的集合。
2. 重的东西的集合。
3. 汉字的所有拼音字母的集合。
4. 可爱的孩子的集合。
5. 在从1到100的自然数中，用7除余3的数的集合。

数学世界探险记

机器人专家S又对着正在学校院庭中玩耍着的机器人孩子们，举起了一块硬纸板……

戴帽子的机器人集合！

$A = \{$ 〔5〕〔8〕〔13〕〔18〕 $\}$

$A = \{ x \mid x$ 是戴帽子的机器人 $\}$

集合与元素

(机器人学生们看到S老师举起的硬纸板以后,立刻有4个戴帽子的机器人聚集到S的面前。其中男孩子2人,是5号和8号;女孩子2人,是13号和18号。)

(机器人专家S清了清嗓子)

S 好,戴帽子的机器人的集合已经组成。我们把这个集合叫做集合A。那么,怎样把这个集合表示出来呢?

(专家S在纸上麻利地画出了下图。)

S 像这样,把组成集合A的机器人画出来就行了。为了表示只有满足条件的机器人才在集合A中,所以,我们用{ }把这些机器人括起来。

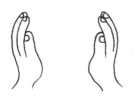

(说到这儿,专家S做了个手势。)

嘟 嘟 S老师说的这些我听懂了。

(嘟嘟小声地嘀咕了一句。)

S 我们把组成集合A的东西,即用{ }括起来的东西叫做集合A的"元素"。

"元素"是一个新概念,请大家一定要记住。容易看出,集合是由若干个元素组成的。显然,无论编号是5的机器人,还是编号是8,13,18的机器人,都是集合A的元素。明白吗?

罗伯特 是的,明白。

S 表示集合时,只要把集合的元素全部写在括号里就行了。像上面说的那个集合,写成

$A = \{5, 8, 13, 18\}$

也行。

至于元素的书写顺序,可以不考虑,按什么样的顺序写都行。例如,刚才说的那个集合,写成

$A = \{18, 8, 5, 13\}$

或写成

$A = \{5, 13, 18, 8\}$

都行。

数学世界探险记

S 请大家来考虑日本现在的国有铁路的所有车站的集合。这也是一个很漂亮的集合。请用刚才讲的方法把这个集合表示出来。

萨沙 S老师,说起日本国有铁路的所有车站,这可太复杂了。车站太多,其中有很多小车站叫什么名我们都不知道,怎么表示这个集合呀?

S 可是,萨沙,国有铁路的车站不是无限多的吧?这个集合不能表示吗?

(米丽娅他们开始写表示式。)

设日本所有的国有铁路的车站组成的集合为A,那么

A={東京,新橋,品川,川崎,横浜,戸塚,藤沢,茅ヶ崎,平塚,小田原,湯河原,熱海,清水,沼津,静岡,燒津,藤枝,掛川,袋井,浜松,豊橋,蒲郡,岡崎,名古屋,岐阜,大垣,米原,彦根,草津,大津,京都,大阪,神戸,明石,加古川,姫路,相生,赤穂,日生,岡山,倉敷,笠岡,福山,尾道,三原,広島,横川,宮島,大竹,岩国,柳井,徳山,小郡,宇部,厚狭,下関,門司,小倉,八幡,博多,鳥栖,久留米,筑後,瀬高,大牟田,熊本,不知火,水俣,出水,阿久根,川内,串木野,東市来,伊集院……}

嘟嘟 哼,归根到底还是没把所有的国有铁路的车站都写出来。

(专家S不以为然地笑了笑。)

S 等一会儿我教给你们一个简便的表示法。不然的话,要想把这个集合的元素一个一个地都写出来的话,不得写到明天啊!

萨沙 即使到明天,恐怕也写不完啊。

(萨沙补充了一句,S先生笑了。)

S 正因为这样,所以我要教给你们简便的表示法。

(专家S拿出笔写了下面的表示式。)

$A=\{x \mid x$ 是日本现在国有铁路的车站的名称$\}$

S 这样表示不就简单了吗？这个式子表明，集合 A 是由所有适合"日本现在国有铁路的车站"这个条件的元素组成的。

用这样的式子，无论集合的元素有多少，都可以简单地表示出来。在表示集合时，如果把元素一个一个地都写出来，那么，我们把这样的表示式叫做集合的"列举式"；如果只把元素所具有的共同性质写出来，那么，我们把这样的表示式叫做集合的"描述式"。

萨　沙　前面说的那个机器人学校的"戴帽子的机器人"的集合，如果用集合的描述式来表示，那么应怎样写？

萨　沙　我来写写看。

$A=\{x \mid x$ 是戴帽子的机器人$\}$

这样写对吗？

S 很好，萨沙。下面请开心博士来讲一讲。

开心博士　集合

也有用眼睛看不到形的集合，集合的元素未必存在于现实之中。即使存在于现实之中，也未必能看到它的具体形状。例如：

● 1个白雪公主和7个小矮人的集合。

● 桃太郎和他的奴仆的集合。

像这样，用虚构出来的人物来组成集合也是可以的。

● 1周中的7曜日的集合：$A=\{$日，月，火，水，木，金，土$\}$。

● 乐谱中的简谱读音的集合：$A=\{$豆，来，米，发，收，拉，西$\}$。

像这样，用见不到形的东西来组成集合，同样也是可以的。总之，只要能明确元素的范围，任何东西都可以组成集合。明白吧？

数学世界探险记

我出一个题。

从1到20中的3的倍数的集合。设这个集合为 A，那么请把这个集合用列举式和描述式写出来。

罗伯特 从1到20中的3的倍数有3，6，9，12，15，18。这个集合用列举式表示出来，就是

$A=\{6, 9, 3, 12, 15, 18\}$

括号中的元素按什么顺序写都行。

喜 鹊 是的，元素的书写顺序是没有关系的。

米丽娅 我来写这个集合的描述式。

$A=\{x|x$ 为1到20中3的倍数的数$\}$。

这样写对吧？

喜 鹊 对，写得对。那么，请做下面各题吧！

1. 根据集合的列举式写出描述式。

   $A=\{1, 2, 3, 4, 5, 6, 7, 8, 9, 10\}$；
   $B=\{1, 3, 5, 7, 9\}$；
   $C=\{2, 4, 6, 8, 10\}$；
   $D=\{日, 月, 火, 水, 木, 金, 土\}$；
   $E=\{春, 夏, 秋, 冬\}$。

2. 根据集合的描述式写出列举式。

   $A=\{x|x$ 是用3除余1的比50小的自然数$\}$；
   $B=\{y|y$ 是你的家庭成员$\}$。

3. 把按下面的条件组成的集合用集合的列举式和描述式写出来。

   • 被2除余1的比10小的自然数；
   • 用3能整除的比50小的自然数；

关于记号 ∈

开心博士 现在引进一个新记号。

设由一年四季组成的集合为 A，那么这个集合的列举式为

$A=\{春，夏，秋，冬\}$

显然，元素"春"属于集合 A。我们把"元素春属于 A"记作

$$春 \in A$$

读作"春属于 A"，也可以读作"春是 A 的元素"。

∈ 是由希腊文字 ε 演变来的，ε 读作"依布西龙"。

春 $\in A$ 的形象，就好像是

春 $\in A$。

在这里，鱼张着大嘴面向集合 A，而鱼的尾巴的后边是元素。这给人一种鱼用嘴吞下集合 A 而从尾巴放出元素春的印象。好，请读下面的式子

$$2 \in B$$

米丽娅 读作"2属于 B"或"2是 B 的元素"就可以了吧？

开心博士 对，这样读就行了。另外，记号 ∈ 调过来使用也行。这样，$2 \in B$ 也可以写作

$$B \ni 2$$

仍然读作"2属于 B"或"2是 B 的元素"。好，现在请考虑："早晨"是不是由四季组成的集合 A 的元素？

萨沙 不是。

开心博士 对于这种情况，可以写作 早晨 $\notin A$ (早晨 ⃫∈ A)

尽管鱼把 A 吞进去了，但却不能从尾巴放出来"早晨"。所以，用"杠"把鱼消去。这个式子读作"早晨不属于 A"或"早晨不是 A 的元素"。这里出现的记号 ∈，∉，大家一定要记住。

已知 $A=\{x | x$ 是小于10的奇数$\}$。请回答下面的各种记法哪些是正确的？

$3 \in A \quad 4 \in A \quad 6 \in A \quad 6 \notin A$
$1 \in A \quad 7 \notin A \quad 9 \in A$
$5 \ni A \quad 8 \notni A \quad 5 \in A$
$A \ni 7 \quad 13 \in A \quad A \notni 12 \quad A \ni 5$
$A \ni 1 \quad A \ni 9 \quad A \notni 10$
$A \in 7 \quad A \notni 3 \quad A \ni 8 \quad 2 \in A$

数学世界探险记

机器人专家S又举起一块硬纸板。上面写的东西究竟是什么意思呢?

属于集合A的机器人集合!

$A = \{x | x 是有尾巴的机器人\}$

$A = \{\quad\quad\} = \Phi$

空集合

萨沙 这回所说的集合可是个奇怪的集合啊!这是一个用长尾巴的机器人做元素的集合。

罗伯特 这可难了。

(和往常一样,一看到S老师举起硬纸板,机器人孩子们便向S老师这边跑来。

可是,这回他们跑在半路上却都停住了脚,站在那里你看看我,我看看你,脸上露出惊疑的神色。)

米丽娅 有长尾巴的机器人吗?

罗伯特 没见到过。

(S兴致勃勃地说)

S 的确没有长尾巴的机器人。

不过,这也是一个集合,是一个元素也没有的集合。这样的集合叫做"空集合"。这就好像是把没有人乘坐的车叫做空车,把没有人居住的房子叫做空房子。如果设空集合为 A,那么它可以用

$$A=\{\ \}$$

来表示,括号里没有任何元素。也可以用希腊字 ϕ 来表示。这就是说

$$A=\{\ \}=\phi$$

(嘟嘟小声地嘀咕起来)

嘟嘟 空集合是很可笑的,考虑这样的集合有什么用?

S 刚才已经说过,空集合是一个元素也没有的集合。那么,现在请考虑,"长肚脐的青蛙的集合"是什么样的集合?

罗伯特 这样的青蛙是不存在的。所以,这是一个空集合。

S 说得对。如果把长肚脐的青蛙的集合设为 A,那么

$$A=\{\ \}$$

或

$$A=\phi$$

嘟嘟 有"不捉老鼠的猫",可没有"不长胡子的猫"吧?

(嘟嘟绷着脸一本正经地说了这句话,惹得大家哄堂大笑。)

S 根据嘟嘟说的话,可用描述式写出这样的一个集合

$A=\{x|x是不长胡子的猫\}$

谁来写出这个集合的列举式?大块头,你来写怎么样?

大块头 我对集合理解的不怎么样。不过,我可以试试看。由于世界上不存在不长胡子的猫,因此,这个集合的列举式写成

$A=\{0\}$

就行了吧?

S 这可错了,大块头。你把0写在括号里,那0不就是集合的元素了吗?

大块头 按您的意思,即使是空,也不能写0啊!

S 嗯,是这样。现在我再说两个例子。一个例子是"从0到9中比1小的数的集合"。这个集合的元素只有0。如果设这个集合为A,那么

$A=\{0\}$

虽然A只含1个元素,但它也是集合。另一个例子是"从0到9中比10大的数的集合"。请问,这是一个什么样的集合呢?

大块头 这样的集合是不存在的。

S 不,这是一个空集合。如果设这个集合为B,那么

$B=\{\ \}$

(机器人专家S这么一说,大块头像霜打的茄子——蔫了。)

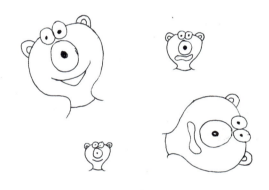

寻找空集合。

1. $A=\{x|x是不倒翁的脚\}$;
2. $B=\{x|x是能用13整除的比10小的自然数\}$;
3. $C=\{x|x是日本四国地区不临海的县\}$;
4. $D=\{x|x是日本关东地区不临海的县\}$;
5. $E=\{x|x是有3条对角线的四边形\}$。

集合的大小

(在机器人学校的教室里，召开了一个集体座谈会。参加座谈的有数学探险队的成员和机器人专家S。)

S 在今天的座谈会上，请大家谈谈与集合有关的问题。我看还是先确立一个议题好，那就讨论一下关于集合的大小问题吧。请大

家考虑这么一个问题：下面画的大象集合和松鼠集合究竟哪个大？

萨 沙 肯定是大象的集合大。
嘟 嘟 我认为也是这样。
(S含蓄地笑了笑。)

S 米丽娅，你是怎么想的？

米丽娅 我想，大象的身材虽然比松鼠高大得多，但是从数量上看，大象是5头，而松鼠是6只。5和6相比，当然是6大……

罗伯特 从集合的大小来看，松鼠集合大。集合的大小应该由所含元素的数量来定。

S 罗伯特说得对。如果设大象集合为A，松鼠集合为B，那么

A={大象1，大象2，大象3，大象4，大象5}。

B={松鼠1，松鼠2，松鼠3，松鼠4，松鼠5，松鼠6}。

从元素上看，B比A多。所以，集合B比集合A大。元素的大小与集合的大小没关系。

现在请看下面的图。

(S把一张图挂到了黑板上。)

一一对应

（S指着挂在黑板上的图。）
S 请考虑，用这图中的各种各样东西你能做出哪些集合？

（首先举手的是嘟嘟。）
嘟 嘟 由我来做可以吗？
S 嘟嘟，请做吧！

（嘟嘟站在黑板前，用粉笔画出了下面的图。）
（嘟嘟画得满好啊！）

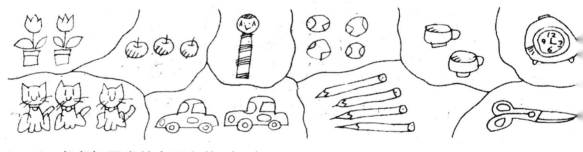

S 嘟嘟把同类的东西归拢到一起了。那么接下来考察一下集合的大小吧。请从小的开始！

萨 沙 含1个元素的集合，有钟集合、剪子集合和木偶集合。

米丽娅 含2个元素的集合，有汽车集合、花盆集合和水碗集合。

罗伯特 含3个元素的集合，有猫集合、苹果集合。

嘟 嘟 含4个元素的集合，有铅笔集合和球集合。

S 都说对了。你们对各集合的元素的个数数的很准啊。

萨 沙 那是理所当然的。数数谁不会？连幼儿园的小朋友都会。

（萨沙红着脸说了这样的话。）
（这时，机器人专家S从兜里掏出了东西。）

（S先生掏出来的是瓷砖，并故意做出个鬼脸。）

S　你们都去过经营饭团的饭店吧！在那里，许多顾客常常不去记自己究竟吃了多少个饭团。但是，老板却在柜台上用米粒一个一个地记账。这样，每个顾客到底吃了多少个饭团，老板是一清二楚的。像这样让1个米粒与1个饭团的对应叫做"一一对应"。

（说到这儿，S先生拿出一张画，并把它盖在原来的那张画的上面。又把几块瓷砖固定在画上。）

S　3只猫与3块瓷砖对应，3块瓷砖又与3个苹果对应。猫集合的元素的个数是3，苹里集合的元素的个数是3，瓷砖集合的元素的个数也是3。在这里，什么猫的形象啊，苹果的味道啊，瓷砖的形状啊……都不予考虑，只考虑3这个抽象的数就可以了。

（这时，罗伯特大声地喊起来）

罗伯特　我明白了，这就是数数。我们在数数的时候，实际上已经不知不觉地运用了集合的思想方法。就集合的元素的个数来说，这3个集合是完全相同的。

（萨沙小声地说）

萨沙　你说的这一点可是很重要的啊！

米丽娅　的确很重要。现在我们都清楚了，集合的大小是由所含的元素的个数决定的。今天的座谈会很有意思啊！

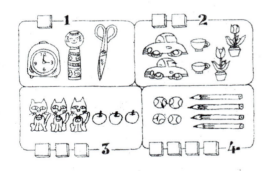

1. 说出下列各集合的元素的个数。

　　$A=\{x|x$是比20小的奇数$\}$；

　　$B=\{x|x$是一年的月份$\}$；

　　$C=\{x|x$是从1到10中能同时用2和3整除的数$\}$。

2. 按从大到小的次序，把下列的集合排列出来。

　　$A=\{x|x$是一周中的曜日$\}$；

　　$B=\{y|y$是白雪公主和7个小矮人$\}$；

　　$C=\{z|z$是小于50的4的倍数$\}$。

数学世界探险记

S先生又举起一块硬纸板。

属子B的机器人集合！
$B=\{y|y$是机器人女孩子$\}$

$A \supset B \qquad B \subset A$

$A=\{x|x$是机器人学校所有机器人孩子$\}$

子集合

看到S先生举起的硬纸板以后,在25个机器人中,只有女孩子飞快地跑过去。

机器人4 女孩子都聚集到这里来了。

机器人19 总共有12个女孩子,都来了。

S 很好。现在把你们这些女孩子组成的集合叫做B。而把我们机器人学校的25个机器人孩子组成的集合叫做A。那么你们说说,A和B两个集合有什么关系?

(这时,女孩子中有几个人举起手。)

S 12号,你来回答看。

机器人12 A包含B,当然也可以说B被A包含。

S 下面讨论一下这么说对不对。(S填写了下面的表。)

S 一看这个表就知道,集合B的

	集合的描述式	集合的列举式
A	$A=\{x \mid x$ 是机器人学校的全部机器人$\}$	$A=\{1, 2, 3, 4, 5, 6, 7, 8, 9, 10, 11, 12, 13, 14, 15, 16, 17, 18, 19, 20, 21, 22, 23, 24, 25\}$
B	$B=\{y \mid y$ 是机器人中的女孩子$\}$	$B=\{3, 4, 6, 9, 10, 12, 13, 15, 18, 19, 23, 24\}$

元素都是集合A的元素。这一事实还可以用右面的图来表示。在这种情况下,我们把集合B叫做集合A的子集合,并用$A \supset B$(读作A包含B)来表示。记号⊃好像是一个横放着的杯子⊃。

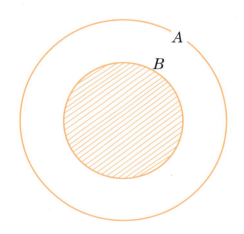

S 也可以把式子$A \supset B$调过来写成$B \subset A$（读作B被A包含），关于记号$\supset$和$\subset$，大家弄明白了吧？

萨沙 好像明白了。不过，我总担心$\in$和$\supset$用起来容易搞混淆。

米丽娅 $\in$表示元素和集合的关系，而$\supset$表示集合和集合的关系，不能混淆。

（这时，机器人专家S又拿出一块纸板。）

S 大家看，这个集合C被集合B包含吧？

罗伯特 C中编号为3，9，24的3个扎蝴蝶结的女孩都是集合B的元素。所以能写成$B \supset C$或$C \subset B$。

S 说得对，罗伯特。在这里，如果把A，B，C三个集合的关系用式子表示出来，那么就有

$$A \supset B \supset C$$

萨沙 真有趣！这3个集合的关系还可以用下图来表示吧？

属于C的来集合！

$C=\{z|z$是扎蝴蝶结的机器人$\}$

（看到这块纸板后，从女孩的集合中跑出来3个扎蝴蝶结的女孩。）

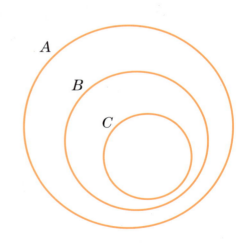

1. 用图来验证：如果$C \subset B$，$B \subset A$，那么$C \subset A$。
2. 用集合的列举式，写出集合的子集合的例子。
3. 用集合的描述式，写出集合的子集合的例子。

去郊游或不去郊游

S 现在讨论一个有趣的事例。由于在这个事例中需要3个人，因此，我们就把3个扎蝴蝶结的女孩子请来吧。

(S把3个扎蝴蝶结的机器人女孩子喊来了。)

S 你们3个人商量一下：你们是到附近的山上去玩还是到附近的海上去玩？

(3个扎蝴蝶结的女孩一听叫她们去郊游，都高兴的笑了。)

机器人3 如果设我们3个人组成的集合为A，那么
$$A=\{3, 9, 24\}$$

S 是这样。不过，写3，9，24容易引起误解，因此，把这3个数换成a，b，c。这样，就有
$$A=\{a, b, c\}$$

让你们出去郊游是肯定的了。但是，说不定在你们当中的谁因为有什么事而不能去。也许是a，b两个人去，也许是c一个人去，也许……

现在请大家一起考虑可能发生的所有情况，也就是考虑在a，b，c中能有多少个不同的组合？

米丽娅 a，b，c 3个人都去，或者a和b去，或者b和c去，或者……如果我们把所有可能发生的各种情况都考虑到，不就行了吗？

S 是这样。那就做做看吧！

罗伯特 好，那我们就做做看。这是一个多么有趣的问题呀！

（于是，米丽娅他们做出了下页上的那个表。）

数学世界探险记

• 米丽娅他们考虑出的各种情况：

```
3个人都去    ----------    {a, b, c}
2个人去      ----------    {a, b}, {b, c}, {a, c}
1个人去      ----------    {a}, {b}, {c}
```

米丽娅　就像这个表所表示的那样，3个人都去时有1种情况，2个人去时有3种情况，只有1个人去时也有3种情况，合起来共有7种情况。

S　考虑全了吗？我想，还是画一个图来看看吧。

（说完，S先生画出了下面的图。）

S　首先应考虑到a去和a不去的两种可能都存在。然后分别以这两种不同情况为前提，来考虑b去和b不去的两种情况。接下来再分别以a和b的各种情况为前提，来考虑c去和c不去的情况。这样，所有可能发生的情况就不会有漏掉的啦。

这个图很像树的枝杈，所以把它叫做"树图"。

```
                ┌─ c去 .................. {a, b, c}
        ┌─ b去 ─┤
        │       └─ c不去 ................ {a, b}
a去 ────┤
        │       ┌─ c去 .................. {a, c}
        └─ b不去┤
                └─ c不去 ................ {a}

                ┌─ c去 .................. {b, c}
        ┌─ b去 ─┤
        │       └─ c不去 ................ {b}
a不去 ──┤
        │       ┌─ c去 .................. {c}
        └─ b不去┤
                └─ c不去 ................ { }
```

萨　沙　这个树图中的最下面的那个组合是3个人都不去的情况，我们却把它漏掉了。S老师把它补进来了。这是一个空集合。

罗伯特　是这样。由a，b，c可能构成的组合总共有8个才对。

S　是这样，总共有8种情况，而且这8种情况所形成的。8个集合都是$A=\{a, b, c\}$的子集合。

萨　沙　都是A的子集合吗？

（萨沙疑惑不解地问了一句。）

萨　沙　$\{a, b\}$和$\{b, c\}$是$A=\{a, b, c\}$的子集合。这没问题，是理所当然的。可是，树图上面的$\{a, b, c\}$与A是相同的呀。怎能说它是A的子集合呢？这太可笑了。

（S先生的眼睛闪着安详温柔的光。）

S　你说了一个很值得重视的情况。乍一看，把$\{a, b, c\}$也算做A的子集合似乎很可笑。可是，这却是对的。因为$\{a, b, c\}$的每个元素都在A中嘛。你还记得12的约数有1，2，3，4，6，12吧？12不也是自己的约数吗？还有，你们刚才漏掉的那个空集。它也是A的子集合。这算是一个规定吧。我刚才说的这两点很重要。请你们一定要记住。

罗伯特　自己是自己的子集合，是有点滑稽!

1．一座房子有3个窗户，从左到右分别设为a，b，c。从远处望去，看不清窗户有没有玻璃。那么，请把窗户有没有玻璃的所有可能的情况表示出来。

2．请写出$A=\{a, b\}$的所有子集合。

数学世界探险记

机器人专家S又在机器人孩子们的面前举起一块硬纸板。这真是一位有风趣的先生。

> 属于B的到蓝圈里集合!
> 属于A的到红圈里集合!
>
> $A=\{x|x$是男机器人$\}$
> $B=\{y|y$是戴眼镜的机器人$\}$
>
> $A \cap B$

交 集

在机器人学校庭院的平地上，放着用红绳子和蓝绳子围成的两个大圈。S先生举起硬纸板以后，庭院里出现了如下图所示的愉快的场面。

数学世界探险记

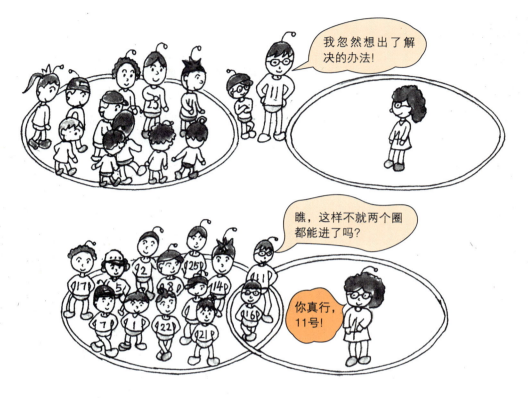

S 哈哈……，想的办法确实很好啊！

现在请看右图。在这个图中，A是男机器人集合，B是戴眼镜机器人的集合，而A和B重叠的部分是戴眼镜的男机器人的集合。这样的图叫做"维恩图"。

米丽娅 这样的图一定是名叫维恩的人想出来的吧？

S 说得对。

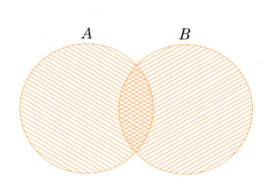

∩像一顶帽子

S 像方才维恩图所表示的A和B的重叠部分所形成的集合，叫做A和B的交集，记作A∩B(读作"A和B的交"或"A交B")。

如果用集合的描述式来表示，那么A∩B= {z|z是戴眼镜的男机器人}。

记号∩从形状上看，很像一顶帽子。关于∩，我给你们打个有趣的比喻：

设两个集合为
A={1, 2, 3, 4, 5}
B={2, 4, 6, 8, 10}

那么，它们的交集就是由它们的共同元素所组成的集合{2, 4}。如果把记号∩看做一顶帽子，那么，所有不是A和B的共同元素{1, 3, 5, 6, 8, 10}都散落在帽子的周围，只有A和B的共同元素{2, 4}落在帽子上。

怎么样，关于交集大家都清楚了吧!

萨 沙 是的，清楚了。

你们也能成为名侦探

(沉默好久的开心博士,这回开口讲话了。)

开心博士　你们都爱读推理小说吧?推理小说之所以能引起你们的极大兴趣,就在于它能使你们一边读一边考虑谁是真正的犯人。我说,如果你们善于利用集合的知识,那么,你们也会成为令人仰慕的好侦探。

罗伯特　开心博士,怎样利用集合知识去寻找犯人呢?

开心博士　我举个简单的例子吧。

一辆运送现金的汽车被袭击,车上的一亿元被一个歹徒抢走。据车上的人说,歹徒是一个身着警服的年轻男子。他骑着一辆白色的摩托车。

在事情发生的3周以后,警察抓来了5个涉嫌人进行了调查。好,现在请你从调查到的情况出发,推断一下谁是真正的犯人。

男 A　汽车司机,欠债,并为此而发愁。出事那天,驾车外出办事,有公路通行票为证。

男 B　学生,是有钱人家的孩子,游手好闲,兜里的零用钱总不够花。出事那天,自己说上学去了,但没有人在学校见到他。

男 C　职员,不怎么缺钱花。出事那天,向公司请了假,但到哪儿去了不详。

男 D　青年实业家,在某件事上栽了跟头,到银行借款被拒绝。出事那天在公司,有秘书作证。

男 E　工人,以前有盗窃行为。出事那天在工厂干活,有伙伴做证。

开心博士　那么，真正的罪犯是谁呢？

萨　沙　我看男C可疑。因为出事那天，他虽向公司请了假，但去向却不明。

米丽娅　对于男C，找不到他不在现场的证据；对于男B，也找不到他不在现场的证据。在这一点上两人情况相同。但是，男

C不怎么缺钱花，而男B却总感到兜里的钱不够用。所以，我认为真正的罪犯是男B。

罗伯特　有弄到钱动机的有男A、男B和男D。以前有过盗窃行为的是男E。找不到不在现场证据的有男B和男C。由此可以看出，在这5个人当中，既有弄到钱动机又找不到不在现场证据的只有男B。所以，真正的罪犯是男B。

（罗伯特的推理与你的推理相同吗？）

开心博士　罗伯特在推理中已经不知不觉地使用了交集。

罗伯特　我使用交集了吗？

（罗伯特的脸上露出了惊疑的神色。）

开心博士　不信你看，这里有两个集合：

$A=\{x|x$是有犯罪动机的人$\}$

$B=\{y|y$是找不到不在现场证据的人$\}$。

这两个集合的交集是

$A\cap B=\{z|z$是既有犯罪动机又找不到不在现场证据的人$\}$。

这个交集的元素只有男B。所以，确定男B是真正的罪犯是理所当然的。

罗伯特　这就是说，我已经求出了$A\cap B$。

萨　沙　挺有意思啊。我看画出维恩图看起来会更清楚。

$A=\{x|x$是有犯罪动机的人$\}$
$B=\{y|y$是找不到不在现场证据的人$\}$
$C=\{z|z$是既有犯罪动机又找不到不在现场证据的人$\}$

A　　　　　　　B

有犯罪动机的人　　真正罪犯　　找不到不在现场证据的人

揭开谜底

S 上面开心博士讲了一个很有趣的故事。这回我给你们出一道题,看看你们的灵机劲如何。

(S向前迈了一步。)

S 一天,两个爸爸各带自己的一个儿子到郊外的水塘边去打猎。到那儿不久,他们各打下1只野鸭子。合起来共打下3只野鸭子。

注意,这里不存在两个人打下1只野鸭子的情况,也不存在打下来又跑掉了的情况。那么请问,这到底是怎么回事?

米丽娅 爸爸2人,儿子2人,合起来是4人。每人打下1只,合起来是4只。可是,为什么合起来只有3只呢?真是莫名其妙!

S 萨沙,你说这是怎么回事?

萨沙 我也弄不清楚,简直不可思议!

罗伯特 我也觉得奇怪,怎么会是这样呢?

(S故意做了个鬼脸,笑了起来。)

S 你们都认输了吧?我把答案告诉你们吧。

设两个爸爸组成的集合是A,两个儿子组成的集合是B。那么A和B的交集是怎样的一个集合?……

罗伯特 嗯,我知道了。实际上两个爸爸和两个儿子合起来是3个人,其中的一个人既是爸爸又是儿子。总之,这3个人是祖孙三代。

S 是这样。那么画个维恩图看看。萨沙,你来画。

(萨沙画出了维恩图。)

萨沙 老师,我画得对吧?

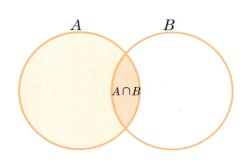

$A=\{x|x$是被称作爸爸的人$\}$,
$B=\{y|y$是被称作儿子的人$\}$,
$A\cap B=\{z|z$是既被称作爸爸又被称作儿子的人$\}$。

喜 鹊 我出4道关于交集的题，请你们来考虑。

1. 已知A={x|x是不大于7的自然数}，B={y|y是不大于10的偶数}。

请用列举式写出A∩B，并把它的元素写到维恩图里。

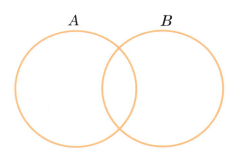

2. A={2，3，5，7，9，13，25}，B={3，7，8，10，14，25}。求A∩B，并把它的元素写在维恩图里。

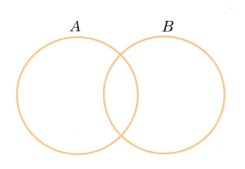

3. 已知A={x|x是不大于12的4的倍数}，B={y|y是不大于12的3的倍数}。

请写出A∩B的列举式和描述式，并把它的元素写在维恩图里。

4. 已知A={x|x是第一小学6年级的学生}，B={y|y是第一小学的女生}。求A∩B。

数学世界探险记

S先生又举起了一块硬纸板，机器人孩子们都跑过来了。

属于A的到红圈里集合！
属于B的到蓝圈里集合！
$A=\{x \mid x$是拿口琴的机器人$\}$
$B=\{y \mid y$是拿笛子的机器人$\}$

$A \cup B$

并　集

　　(25个机器人孩子像小白鼠似地跑来跑去，不一会儿，就像下图那样站到圈里。)

　　米丽娅　A是拿口琴的机器人的集合，B是拿笛子的机器人的集合。那么它们的交集就是既拿口琴又拿笛子的机器人的集合。这些，我们已经明白了。可是，纸板上把∩倒过来写的那个记号∪是什么意思呢？

　　S　关于这个问题，先请看一下下面写出的那些集合的列举式，其中的数字是机器人的番号。

A={2，3，4，6，8，9，10，11，12，14，16，17，20，21，22，25}
B={1，5，7，12，13，15，16，18，19，20，21，23，24 }
$A\cup B$={1，2，3，4，5，6，7，8，9，10，11，12，13，14，15，16，17，
　　 18，19，20，21，22，23，24，25}

　　罗伯特　看来，$A\cup B$好像是把A和B两个集合的元素统通放到一起所组成的集合，也就是番号从1到25的25个机器人都属于这个集合。

　　S　你说得对，那么画出它的维恩图来看看。

数学世界探险记

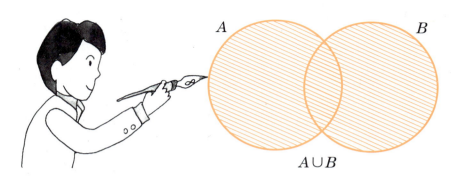

(S先生画出了如上图所示的维恩图。)

S 集合A和集合B的交集,是由A和B的共同元素所组成的集合,而A∪B是由A和B两方面所有元素组成的集合。这就是说,A∪B是由拿笛子的机器人或拿口琴的机器人组成的集合。这样一来,原来在两个不同集合里的机器人,现在一下子成为同一个集合里的伙伴了。我们把集合A∪B叫做A和B的"并集"。其中,记号∪读作"并",而A∪B读作"A和B的并"或"A并B"。从形状上看,记号∪像个杯子。

并就是合起来的意思。把A和B合起来,就是把A的元素和B的元素全部合起来。

米丽娅 S老师,请再举一个并集的例子好吗?

S 好。

(S拿出两块大小和形状都相同的上面涂着颜色的壁板。其中的一块板上有一个圆形窟窿,另一块板上有一个长方形窟窿。)

S 请大家来考虑,如果把这两块壁板重叠起来,那么会出现下图①,②,③中的哪种情况?

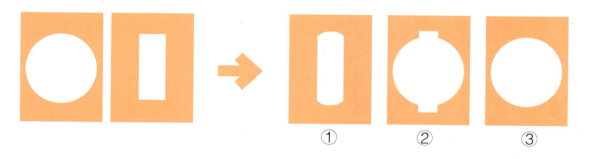

(你是怎么考虑的?两块壁板重叠以后,到底会出现①,②,③中的哪种情况?)

萨沙 由于把两块壁板重叠起来以后透明部分变小，因此我断定是①。

米丽娅 果真这样吗？不能是②吗？……嗯，由于两块壁板重叠以后，就其透明部分来说，左右看变窄，上下看也变小，因此还是萨沙说得对，是①。

S 对，是这样。看来你们已经注意到①所表示的正是圆形窟窿和长方形窟窿的公共部分。

罗伯特 这与交集的想法是一样的。

S 这回请看我拿出来的两块透明的塑料板。在这两块塑料板的正中间都用颜色涂出来一个正三角形，并且这两个正三角形的大小完全相同。现在请大家考虑，如果把这两块塑料板重叠起来，并且在重叠时两个三角形呈现一倒一正的状态，那么重叠后会出现下图①，②，③中的哪种情况？

米丽娅 这个问题应该考虑的当

① ② ③

然是颜色和颜色的重叠。这很简单，应该出现的情况是②。

罗伯特 图③中的那种条状的空白是不会出现的。所以，答案应该是②。

米丽娅 可以说，像这样把两个

三角形合起来，与并集的想法是一样的。

S 说得对。在塑料板上出现的"交"与"并"可以用下面的维恩图来表示。

萨沙 可是，S老师，∩和∪很相似，很容易弄错呀。

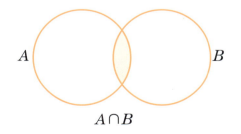

$A \cap B$

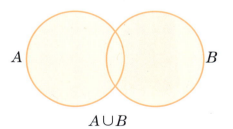

$A \cup B$

S 这不要紧，请听我往下讲。

∪像个杯子

S 从形状上看，记号∪很像个杯子。

萨 沙 确实是这样。

S 我也给你们打个有趣的比喻：已知两个集合

$A=\{2, 4, 6, 8\}$

$B=\{1, 2, 3, 4\}$

当我们说让不大于8的2的倍数和不大于4的自然数来组成集合时，那么A和B的全部元素就都跳到杯子里去了。这就是A和B的并集，即$A\cup B$。

米丽娅 关于记号∈，⊃，∩，∪，一定要记住它们的形象：

∈像鱼 🐟

⊃像横放着的杯子

∩像帽子

∪像杯子

萨 沙 这些可千万不能忘啊！

喜 鹊 我出4道关于并集的题，请好好考虑后做出回答。

1. 已知A={4，8，12，16，20}，B={3，6，9，12，15，18}。请写出A∪B的列举式和描述式，并把它的元素写在维恩图中。

米丽娅 集合A是不大于20的4的倍数。

萨 沙 A∩B的元素只有12。

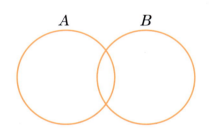

2. 已知A={0，10，20，30}，B={0，20，40，60}。请写出A∪B的列举式并把它的元素写在维恩图中。

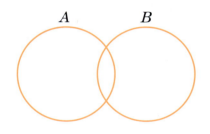

3. 已知A={x|x是某班的男生}，B={y|y是这个班戴眼镜的学生}。

请回答，A∪B是什么样的集合？并用维恩图表示出来。

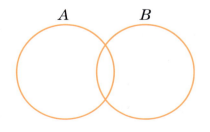

4. 已知A={x｜x是小于100的14的倍数}，B={y｜y是小于100的8的倍数}。

请写出A∪B的列举式和描述式，并把它的元素写在维恩图中。

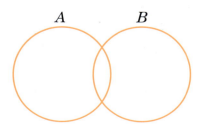

∩和∪的法则

米丽娅　看，S老师从高处撒下了一张张纸条!

萨　沙　到底是什么纸条啊?

(萨沙跑过去，捡起一张，高声地喊)

萨　沙　哈哈!是交和并的运算。

罗伯特　真是这样。原来用∩和∪还能做各种各样运算啊!那么究竟能做哪些运算呢?

萨　沙　好像挺难，真叫人头疼。

米丽娅　好像也不那么难吧。你看，$A \cup B = B \cup A$不是与$a+b=b+a$相类似吗?

(开心博士微笑着。)

开心博士　如果彻底熟悉了记号，那就不会感到难了。当你弄懂这8个式子时，那么你就会感到特别轻松愉快。加油吧!

A∪B=B∪A

萨沙 方才米丽娅说了，与 $a+b=b+a$ 相类似，对于 A∪B 来说，交换∪的两边的集合的位置以后，所得到的 B∪A 与 A∪B 相等。这件事记起来简单。

S 萨沙说的这件事很重要。那么萨沙，你能不能给验证一下？

萨沙 假设这里有两个集合 A 和 B，其中

A={x | x 是从1到10的自然数}

B={y | y 是从1到15中的奇数}

那么，……

萨沙 怎么个验证法呢？

（专家S笑了。）

S 用例子来说明 A∪B 与 B∪A 相等就行了。

（萨沙深深地吸了一口气。）

（这时，机器人孩子们拿来了绳子，并很快地各自站好位。形成了如下图所示的两个集合。看到这个场面，萨沙感到非常高兴。）

萨沙 请看机器人所组成的两

个集合。容易看出，集合 A 和集合 B 的并集就是

A∪B= {y|y 是从1到10的自然数或从1到15中的奇数}

写成集合的列举式，就是

A∪B={1, 2, 3, 4, 5, 6, 7, 8, 9, 10, 11, 13, 15}

如果把集合 B 和集合 A 的并集 B∪A 的列举式写出来，那么

B∪A={1, 2, 3, 4, 5, 6, 7, 8, 9, 10, 11, 13, 15}

可见，A∪B=B∪A。

S 嗯，完全正确。

（这时，米丽娅大声地嚷起来）

米丽娅 S老师，请看我的证明：

米丽娅　我想，把 $A \cup B$ 的维恩图按左右方向翻个个儿，就可以清楚地看出 $A \cup B = B \cup A$。

（米丽娅画出了下面那样的图。）

$A \cup B$　　　＝　　　$B \cup A$

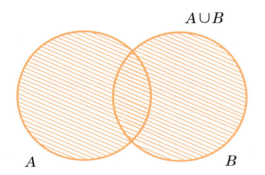
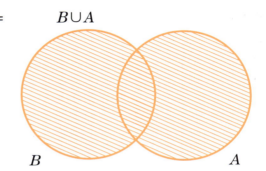

S　嗯，一看维恩图马上就清楚了。

好，萨沙和米丽娅已验证了 $A \cup B = B \cup A$。这表明，$\cup$ 和数的加法一样，也满足交换法则。这就是说，对数的加法来说，有 $a+b=b+a$；对集合的 $\cup$ 来说，有 $A \cup B = B \cup A$。

罗伯特　原以为学习集合一定很难。可是现在看起来，连一年级小学生也能学啊。

已知 $A=\{x \mid x$ 是小于20的3的倍数$\}$，
$B=\{y \mid y$ 是小于20的奇数$\}$。
那么请你由此出发，验证一下 $A \cup B = B \cup A$。

数学世界探险记

$A \cap B = B \cap A$

(机器人专家对罗伯特说)

S　罗伯特，先别说大话。请你验证一下$A \cap B = B \cap A$。

罗伯特　这回又转到交集上来了。好，我举个例子看。

嗯，已知集合A和集合B，哎哟，A和B是什么样的集合呢？噢，有了，还是请机器人来帮帮忙吧！

(罗伯特向机器人大声呼叫)

罗伯特　请属于集合A的到红圈里集合！属于集合B的到蓝圈里集合！

$A = \{x \mid x$是男机器人$\}$

$B = \{y \mid y$是女机器人$\}$

红

蓝

(于是，男机器人和女机器人分别站到红圈里和蓝圈里，形成了两个集合。)

萨沙　罗伯特，这样的A和B没有公共元素，还是换个例子吧！

罗伯特　啊！是这样吗？

(罗伯特思考一会儿以后，又做了如下的更正。)

属于集合A的到红圈里集合！
属于集合B的到蓝圈里集合！
$A = \{x \mid x$是男机器人$\}$
$B = \{y \mid y$是戴帽子的机器人$\}$

(机器人孩子们按罗伯特的指令，一边吵嚷一边集合起来。)。

米丽娅　很好。罗伯特，验证吧!
罗伯特　$A\cap B$的列举式是

$A\cap B=\{5，8\}$
可以看出，$B\cap A$的所有元素也是5和8。这个事实可以用下面的维恩图来表示。

$$A\cap B=B\cap A$$

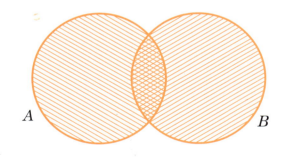
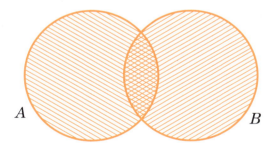

S　做得很好，确实是这样。这表明，$\cap$与数的乘法一样，也满足交换法则。这就是说，对数的乘法来说，有$a\times b=b\times a$；对集合的$\cap$来说，有$A\cap B=B\cap A$。

已知　$A=\{x\mid x$是不大于30的3的倍数$\}$，
　　　$B=\{y\mid y$是不大于30的4的倍数$\}$。
请由此出发，验证$A\cap B=B\cap A$。

$(A \cup B) \cup C = A \cup (B \cup C)$

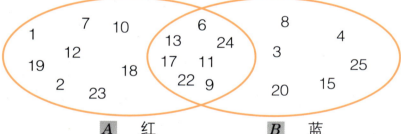

（一看到卡片上写的这个式子，米丽娅说）

米丽娅 这个可有点难啊！这里有3个集合，并且还有括号。对这里的括号得怎样考虑呢？

萨沙 这里的括号可以像$5 \times (6-4)$里的括号一样来考虑吧？

S 这个等式看起来似乎有点吓人。

可是，如果实际做一下，也就没什么了。米丽娅，你来验证一下这个等式子。

米丽娅 好，我来试试看。

（米丽娅在认真思考。她在想，举个什么例子好呢？）

米丽娅 设3个集合是

$A = \{x \mid x$是拿跳绳的机器人孩子$\}$

$B = \{y \mid y$是拿皮球的机器人孩子$\}$

$C = \{z \mid z$是拿羽毛球的机器人孩子$\}$

现在先请属于A，B的机器人分别到红、蓝圈里集合！

（于是，机器人孩子们敏捷地像下图所表示的那样集合起来。）

米丽娅 这两个集合合起来就相当于$(A \cup B)$。所以，$A \cup B$是拿跳绳的机器人孩子或拿皮球的机器人孩子的集合。这个集合可以用下面的维恩图来表示。

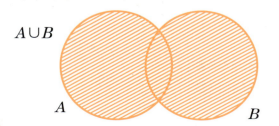

$A \cup B$

米丽娅 现在请属于C的机器人孩子到黄圈里集合！

（嗬，这一下机器人孩子全登场了，一片吵嚷声：

你不是在那边吗？

你在这边呀！

我在哪边呢？

经过一阵混乱，机器人孩子们像下页上面的图所表示的那样各自站好了位。）

米丽娅 机器人孩子们都站好了。这样就得到了集合$(A\cup B)\cup C$。这个集合的元素是25个机器人。这可以用下面的维恩图来表示。

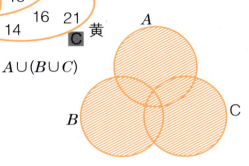

$(A\cup B)\cup C$

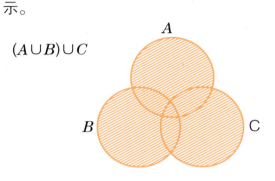

(说到这儿,米丽娅长长地出了一口气。)

米丽娅 这回请机器人孩子们重新集合。先请属于集合B和集合C的机器人孩子分别到蓝圈里和黄圈里集合!

(这样,便得到了集合$(B\cup C)$。这个集合可用下面的维恩图来表示。)

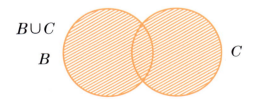

米丽娅 现在再请属于集合A的机器人孩子到红圈里集合!

(由于上回已集合了一次,因此这回非常迅速地像右上图表示的那样集合好了。)

$A\cup(B\cup C)$

米丽娅 机器人孩子们与我配合得很好。这样就得到了集合$A\cup(B\cup C)$。这个集合的元素还是25个机器人。这表明$(A\cup B)\cup C$和$A\cup(B\cup C)$是完全一样的集合。所以

$(A\cup B)\cup C=A\cup(B\cup C)$

萨沙 做的不错呀,米丽娅。

罗伯特 太棒了,米丽娅。

S 做得确实很漂亮,让人佩服。大家要记住,集合的$\cup$和数的$+$很相似。对于数的加法,不是有

$(a+b)+c=a+(b+c)$

吗?

罗伯特 对于数来说,有

$(3+2)+4=3+(2+4)$

对于集合来说,有

$(A\cup B)\cup C=A\cup(B\cup C)$

萨沙 这个问题的解决,米丽娅的功劳不小啊。

数学世界探险记

$(A\cap B)\cap C=A\cap(B\cap C)$

(一看到卡片上写的这个式子,大块头便对机器人专家S说)

大块头 这回让我来做好吗?原来我还没觉得集合这么有趣……

S 那就请你把卡片上的等式验证一下吧。

(大块头不以为然地笑了笑。)

大块头 我也想请机器人来帮我的忙。我仍然想用方才米丽娅用过的3个圈和3个集合。好,先请属于集合A和集合B的机器人孩子分别到两个圈里集合!

(于是,机器人孩子们像下图所表示的那样集合好了。)

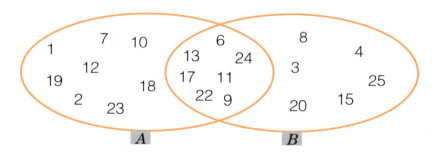

大块头 A和B的交集$A\cap B$做出来了。

它可以用右面的维恩图来表示。这个集合是由既拿跳绳又拿皮球的机器人孩子组成的。

好,现在再请属于集合C的机器人到第三个圈里集合!

(大块头刚说完,机器人孩子们就麻利地像下页上面的图所表示的那样集合好了。)

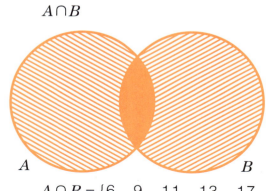

$A\cap B=\{6,9,11,13,17,22,24\}$

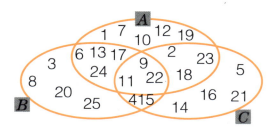

大块头 由于求的是$(A\cap B)$和C的交集，因此，这个交集一定像下面的维恩图所表示的那样，是由既拿跳绳又拿皮球又拿羽毛球的机器人孩子组成。

$(A\cap B)\cap C$

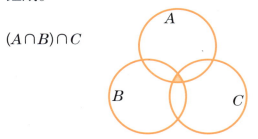

接下来，先像下面的维恩图所表示的那样做$(B\cap C)$，然后做A与$(B\cap C)$的交集，这样就得到了$A\cap(B\cap C)$。

$B\cap C$

$A\cap(B\cap C)$

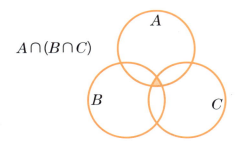

到此为止，我已验证了

$(A\cap B)\cap C=A\cap(B\cap C)$

萨 沙 好啊，好啊！
嘟 嘟 妙啊，妙啊！
S 做得确实不错。
大家看出来没有?这里的

$(A\cap B)\cap C=A\cap(B\cap C)$

很像数的运算的

$(a\times b)\times c=a\times(b\times c)$

嘛。

大块头 是这样。这说明对于∩来说，也满足"结合法则"。

米丽娅 所说的"结合法则"，就是括号可以移动位置的法则。

已知

$A=\{0, 2, 4, 6, 8, 10\}$,
$B=\{0, 3, 6, 9, 12\}$,
$C=\{0, 6, 12, 18\}$。

请由此出发，验证下面的等式：

1. $(A\cup B)\cup C=A\cup(B\cup C)$,
2. $(A\cap B)\cap C=A\cap(B\cap C)$。

A∪A=A

（胖噜噜来劲了。）

胖噜噜　这回让我来做。卡片上的这个式子好像很简单啊。

S　好吧，那就请你来做。不过，这个式子也不简单啊。

（胖噜噜眨了眨眼。）

胖噜噜　∪和+相似。因为对数来说，有

$$a+a=2a$$

所以，对集合来说，就应该有

$$A+A=2A$$

（说到这儿，胖噜噜突然睁大眼睛。）

胖噜噜　哎哟，出问题了。$A \cup A=A$呀，不是等于$2A$呀！这很明显，A和A合起来还是A嘛。这个事实也可以在维恩图中显示出来。这个维恩图就像下面所画的那样吧？

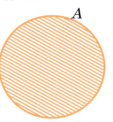

S　哈哈，怎么样？$A \cup A=A$不是那么简单吧？好了，下面我来举个例子。

已知$A=\{x\mid x$是日本四国地区的县$\}$，$B=\{y\mid y$是日本四国地区临海的县$\}$。

那么，这两个集合的元素各是什么？

（胖噜噜的脸上露出一种满不在乎的神色。）

胖噜噜　A的元素是高知县、德岛县、香川县、爱媛县。A'的元素与A的元素一样，也是这四个县。这是因为四国地区的四个县都临海嘛。

S　对。所以，A和A'是相同的集合。那么请求出它们的并集吧！

胖噜噜　$A \cup A'$的元素应该是属于四国地区的县，或属于四国地区临海的县。用列举式来写，就是

$A \cup A'=\{$高知县、德岛县、香川县、爱媛县$\}$。

S　由于$A'=A$，因此

$$A \cup A=A$$

在这种情况下，∪和+可不相似哟!

胖噜噜　这简直是在和我们开玩笑。

$A \cap A = A$

嘟嘟 这回让我来做。因为这个等式很好验证，所以就让我来做吧！

S 那么，嘟嘟，你就好好做吧。

(嘟嘟装模作样地向前迈了一步。)

嘟嘟 我看出来了，在这种情况下，∩和×不相似，也就是说，$A \cap A$和$a \times a$不相似。否则，按照$a \times a = a^2$就可以写出$A \cap A = A^2$了，而这是完全不对的。

在这里，我也使用方才S老师使用过的例子。

$A = \{x \mid x$是日本四地区的县$\}$

$A' = \{y \mid y$是日本四地区临海的县$\}$

那么，这两个集合的交集是

$A \cap A' = \{z \mid$既是四国地区的县又是四国地区临海的县$\}$。

用列举式来表示它，就是$A \cap A' = \{$香川县，德岛县，爱媛县，高知县$\}$。由于A和A'是相同的集合，因此

$$A \cap A = A$$

米丽 嘟嘟，做得很好啊！

S 确实不错。

(嘟嘟听到夸奖，感到有点难为情。)

嘟嘟 偶尔做对的，不值得受人夸奖。

如果 $A \subset B$, 那么 $A \cap B = A$, $A \cup B = B$

（一看到卡片上的这两个式子，萨沙的脸上就流露出厌烦的神情，并且嘴里嘟囔着。）

萨 沙 我对记号这些东西不擅长。现在干脆先把这些东西撂在一边，让我们出去和机器人踢足球算了。

（机器人专家用慈祥的目光看着萨沙。）

S 嗯，我看可以。不过，我得从机器人孩子们中挑选手啊。

（于是，S从25个机器人孩子中选出了11个男孩做选手。）

萨 沙 这11个选手就是25个机器人的子集合吧！如果说选手的集合为A，全体机器人的集合为B，那么就有
$$A \subset B$$

S 好啊好啊，从你说的这个式子出发，就可以往下讨论卡片上的问题了。

萨 沙 那就先别出去玩了，还是快把卡片上的两个等式证明了吧!

（说完，萨沙就动手画维恩图。）

萨 沙 先把$A \subset B$用下面的维恩图表示出来。

$A \subset B$

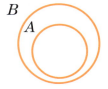

在这里

$A = \{x \mid x$是被选作选手的机器人$\}$

$B = \{y \mid y$是25个机器人$\}$

于是，A和B的交集就可以用下面的维恩图来表示。

$A \cap B = A$

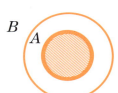

S 做得很好嘛，萨沙。由于A是B的子集合，因此，A就是两个集合的重叠部分。所以，A和B的交集就是A。

萨 沙 剩下的那个等式，让米丽娅来证明吧。

米丽娅 行，我来证明。设

$A=\{x \mid x$是被选作选手的机器人$\}$

$B=\{y \mid y$是全体机器人$\}$

那么，A和B的并集的元素就是A和B的所有元素。所以

$A \cup B=\{z \mid z$是25个机器人$\}$

这个事实可以用下面的维恩图来表示。

$A \cup B=B$

嘟 嘟 并集就是B。这真有趣。

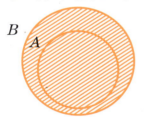

S 在这两个等式的场合下，∪和+以及∩和×是不相似的。在一般情况下，对于数来说，$a+b$就是$a+b$，不能是a；$a \times b$就是$a \times b$，不能是b。

米丽娅 必须弄清楚在一定的场合下，数的运算法则和集合的运算法则是不一样的。

S 说得对。大家一定要把在什么情况下相同，在什么情况下不相同搞清楚。

萨 沙 明白了。该出去踢足球了吧！

(萨沙故意逗趣地说了这话，并长长地嘘了一口气。)

1. 已知

$A=\{x \mid x$是不大于10的偶数$\}$

$B=\{y \mid y$是不大于10的自然数$\}$

请由此出发，验证下面的等式：

① $A \cap B=A$；② $A \cup B=B$。

2. 在$A \subset B$的条件下，请举一个使$A \cap B=A$成立的例子，集合A和集合B用描述式来表示。

3. 在$A \subset B$的条件下，请举一个使$A \cup B=B$的例子，集合A和集合B用描述式来表示。

$A\cap(B\cup C)=(A\cap B)\cup(A\cap C)$

S 就剩下最后一张卡片了。加油吧!现在设 a, b, c 是3个数,那么,根据数的运算法则,有

$$a(b+c)=ab+ac$$

这个法则大家都知道吧?把这个法则用在集合上行不行呢?请大家来研究研究吧!

罗伯特 把数 a, b, c 分别换成集合 A, B, C,并把数的运算法则用在集合上,那么就有

$$A\cap(B\cup C)=(A\cap B)\cup(A\cap C)$$

证明这个式子比较难吧?

S 不能那么说,还是做做看吧。

(罗伯特诚恳地点了点头。)

罗伯特 现在我们做这样的3个集合:

$A=\{x\mid x$ 是拿绳子的机器人$\}$
$B=\{y\mid y$ 是拿皮球的机器人$\}$
$C=\{z\mid z$ 是拿羽毛球的机器人$\}$

我想把等式左边的 $A\cap(B\cup C)$ 用维恩图表示出来。先画 $B\cup C$ 的维恩图。

$B\cup C$

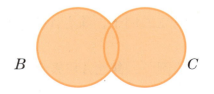

容易看出,$B\cup C$ 是拿皮球的机器人或拿羽毛球的机器人的集合。再进一步画 A 和 $B\cup C$ 的交集的维恩图。

$A\cap(B\cup C)$

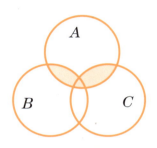

可以看出,$A\cap(B\cup C)$ 是既拿绳子又拿皮球的机器人或既拿绳子又拿羽毛球的机器人的集合。

(罗伯特说到这儿,咬了咬舌头,接着说)

罗伯特 这回再考虑等式右边的集合 $(A\cap B)\cup(A\cap C)$。

罗伯特 $A\cap B$是既拿绳子又拿皮球的机器人的集合。它可以用下面的维恩图来表示。

$A\cap B$

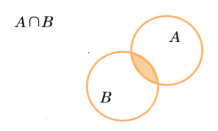

$A\cap C$是既拿绳子又拿羽毛球的机器人的集合。它可以用下面的维恩图来表示。

$A\cap C$

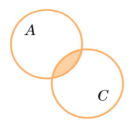

$A\cap B$和$A\cap C$的并集可以用下面的维恩图来表示。

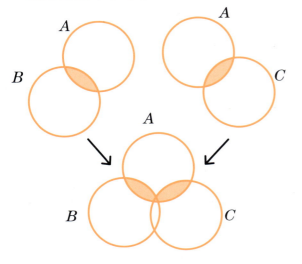

$(A\cap B)\cup(A\cap C)$

由此可以看出，$A\cap(B\cup C)$与$(A\cap B)\cup(A\cap C)$有相同的维恩图。这就是说，它们都是由既拿绳子又拿皮球的机器人或既拿绳子又拿羽毛球的机器人组成的集合。所以

$A\cap(B\cup C)=(A\cap B)\cup(A\cap C)$

S 做得很漂亮啊，罗伯特。要记住，与数的运算法则一样，集合的运算也满足"分配法则"。

已知集合
$A=\{x|x$是不大于20的自然数$\}$;
$B=\{y|y$是不大于20的3的倍数$\}$;
$C=\{z|z$是不大于20的4的倍数$\}$。
请由此出发，验证等式：
$A\cap(B\cup C)=(A\cap B)\cup(A\cap C)$ 你可以这样做：

①写出$B\cup C$的元素；
②写出$A\cap(B\cup C)$的元素；
③写出$A\cap B$的元素；
④写出$A\cap C$的元素；
⑤写出$(A\cap B)\cup(A\cap C)$的元素；
⑥比较$A\cap(B\cup C)$和$(A\cap B)\cup(A\cap C)$的元素，如果二者相同，那么等式就得到了验证。

好家伙！这里画了这么多维恩图。请准备好彩色铅笔，按要求往图上涂颜色吧！

1. $A\cap B$在下图的什么地方？请用红铅笔涂出来。

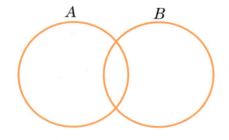

2. $A\cup B$在下图的什么地方？请用蓝铅笔涂出来。

3. $(A\cup B)\cup C$在下图的什么地方？请用绿铅笔涂出来。

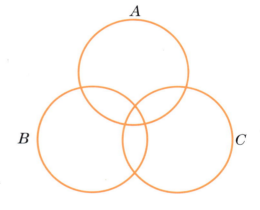

4. $A\cup(B\cap C)$在下图的什么地方？请用黄铅笔涂出来。

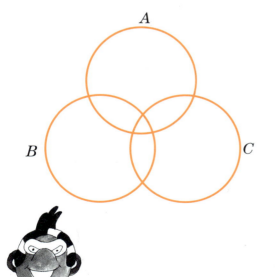
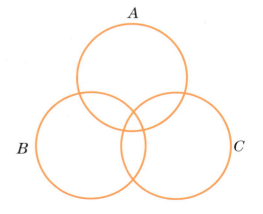

7. 请用黑铅笔把 $A \cap (B \cap C)$ 涂出来。

5. 请用茶色铅笔把 $B \cup (A \cup C)$ 涂出来。

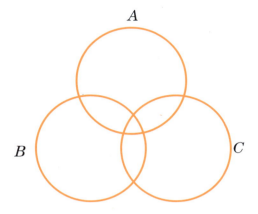

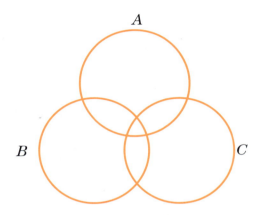

8. 请用你喜欢的彩色铅笔把 $A \cap (B \cup C)$ 涂出来。

6. 请用紫铅笔把 $(A \cap B) \cap C$ 涂出来。

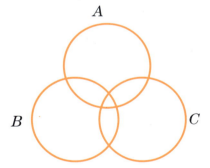

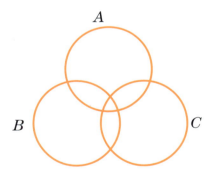

9. 请用桃红色铅笔把 $(A \cap B) \cup (A \cap C)$ 涂出来。

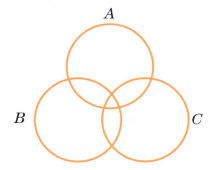

请讨论一下，等式

$A \cup (B \cap C) = (A \cup B) \cap (A \cup C)$ 是否成立？

1. $B \cap C$ 在下图的什么地方？

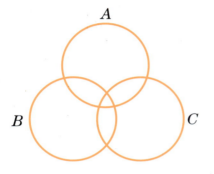

2. $A \cup (B \cap C)$ 在下图的什么地方？

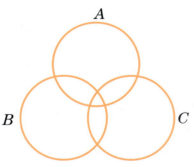

3. $A \cup B$ 在下图的什么地方？

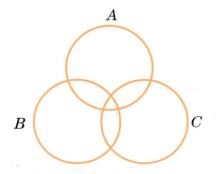

4. $A \cup C$ 在下图的什么地方？

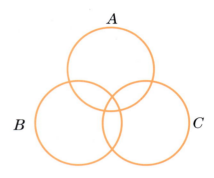

5. $(A \cup B) \cap (A \cup C)$ 在下图的什么地方？

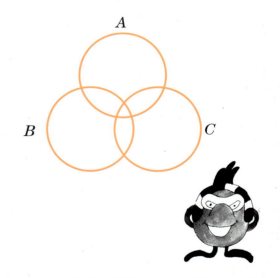

6. 比较一下 $A \cup (B \cap C)$ 和 $(A \cup B) \cap (A \cup C)$，如果二者相同，那么就用等号把它们联结起来。

罗伯特　这一阵净搞集合法则的验证了。

(罗伯特显得兴高采烈。)

萨　沙　原以为很难的东西,实际一做就不觉得难了。

米丽娅　的确如此,并不像原来想像的那么难。

开心博士　好了,现在大家出去踢足球吧,机器人孩子们等着你们呢。

萨　沙　太好了!我们快去吧!

(米丽娅他们飞快地向庭院跑去。)

嘟　嘟　喂,等一等,别忘了我这个出色的守门员啊!

(嘟嘟摇摇摆摆地追了上去。)

(不一会儿,数学探险队与机器人学校之间的足球赛便开始了。

数学世界探险记

机器人专家S把写着奇妙文字的硬纸板,在机器人孩子们的面前举了起来。

NO的NO是YES!

$\overline{B}$

补集合

罗伯特 纸板上写的是什么？B上面的"—"是什么意思？

米丽娅 看，机器人孩子们在叽叽喳喳地商量什么呢。

（这时，机器人孩子们齐声高喊）

机器人孩子们 把巧克力糖送给S老师的不是的不是的不是的不是的不是！

（对机器人孩子们的调皮的喊话，S老师发出了一声苦笑。）

萨沙 机器人喊的"不是的不是"不就是"NO的NO"吗？而"NO的NO是YES"呀！这就是说，送给的不是的不是，还是送给嘛。

（S先生正了正身子。）

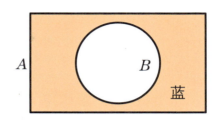

S 集合A是由全部机器人孩子组成的，因此称为"全集合"。而机器人男孩子组成的集合B当然是A的子集合。现在请大家来考虑，图中的蓝色部分表示什么样的集合？

米丽娅 因为蓝色部分所表示的是25个机器人孩子中不是男孩子的集合，所以，这部分所表示的应该是机器人女孩子的集合。

S 说得对。这个集合称为B对于A的补集合，并用记号$\overline{B}$来表示。

S 设25个机器人孩子组成的集合为A，机器人男孩子组成的集合为B。现在请属于B的机器人孩子集合！

（于是，机器人男孩子们不约而同地跑到圈里来。）

S 这个集合可以用右上方的维恩图来表示。

（S先生一边说一边画出了图。）

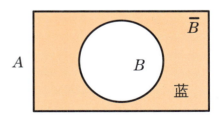

$\overline{B}$读作"B的补集合"。

开心博士 我补充说一句。上面说的补集合可以这样来理解：如果把机器人女孩子组成的集合补到机器人男孩子组成的集合上去，那么就得到全集合。

S 好，现在请大家考虑下面的问题。

设全集合A是由从1到10的自然数组成的集合，子集合B是由从1到10中的奇数组成的集合，那么B的补集合是由哪些数组成的？

萨沙 正像下面的维恩图所表示的那样，$\overline{B}$是由从1到10中的偶数组成的集合。

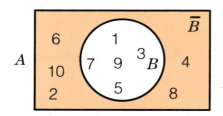

S 说得对。$\overline{B}$中的"—"读作"杠"。另外，我再告诉你们，这样的杠放上几个都行，都有意义。

罗伯特 你来回答$\overline{\overline{B}}$是什么样的集合？

罗伯特 $\overline{\overline{B}}$是B的补集合的补集合，而这个集合就是集合B。噢，这与"不是的不是"就是"是"是一样的。

S 说得对，$\overline{\overline{B}}=B$(补集合的补集合等于原来的集合)就相当于NO的NO是YES。

米丽娅 怪不得刚才机器人孩子们齐声高喊"把巧克力糖送给S老师的不是的不是……"。

萨沙 集合太有趣啦！我喜欢上它了。

罗伯特 那么$\overline{\overline{\overline{B}}}$是什么样的集合？

米丽娅 是B的补集合的补集合的补集合。可以看出来，当B上面的"—"的个数为偶数时，它一定等于原来的集合B。

萨沙 哈哈！补集合太神啦。

1. 当全集合为A={1，2，3，4，5，6，7，8，9，10}，子集合为B={6，7，8，9，10}时，B的补集合$\overline{B}$是什么样的集合？请把这个集合用列举式写出来，并把它的元素写在维恩图里。

萨沙的解答：

$\overline{B}$={1，2，3，4，5}

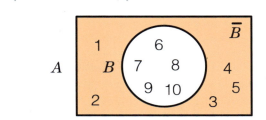

2. 当全集合为A={x | x是不大于10的自然数}，子集合为B={y | y是不大于10的3倍的数}时，B的补集合$\overline{B}$是什么样的集合？请把这个集合用描述式写出来，并把它的元素写在维恩图里。

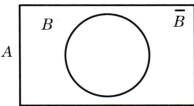

3. 设某班的全体学生组成的集合是全集合，而该班的男生组成的集合显然是它的子集合。那么请问，这个子集合的补集合是什么样的集合？

4. 涂颜色。

① 把红色涂在$\overline{B}$上；　　② 把蓝色涂在$\overline{B}$上；　　③ 把黄色涂在B上。

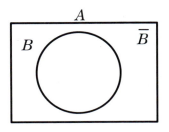
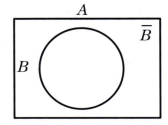
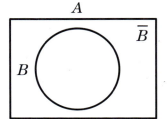

数学世界探险记

$$\overline{B \cap C} = \overline{B} \cup \overline{C}$$

(S先生把这个式子写在黑板上。)

萨沙　这是怎么回事?看来这个可有点难啊?

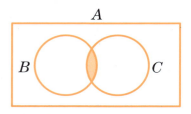

$B \cap C$

于是，$B \cap C$ 的补集合($\overline{B \cap C}$)就可以用右上方的维恩图表示出来。明白吧?

罗伯特　明白。

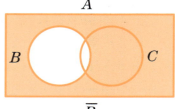

$\overline{B}$

现在再考虑 $\overline{B}$ 和 $\overline{C}$ 的并集是什么样的集合?

米丽娅　$\overline{B} \cup \overline{C}$ 就是由属于 $\overline{B}$ 的元素或属于 $\overline{C}$ 的元素组成的集合。这个集合可以用下面的维恩图来表示。

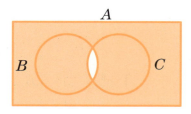

$\overline{B} \cup \overline{C}$

由此可以看出，它与等式左边的 $\overline{B \cap C}$ 完全相同。所以

$$\overline{(B \cap C)} = \overline{B} \cup \overline{C}$$

S　绝对不难。现在我们设 B，C 为全集合 A 的子集合。首先画出等式左边集合的维恩图(左下图)。

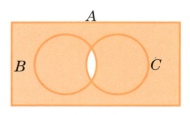

$\overline{B \cap C}$

S　这回再考虑等式右边的集合。如果把 $\overline{B}$ 和 $\overline{C}$ 的维恩图画出来，那么……

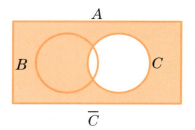

$\overline{C}$

S　做得很好，完全正确。大家要记住:等号的左边是 ∩，右边是 ∪。

$\overline{B \cup C} = \overline{B} \cap \overline{C}$

（S先生在黑板上写出了这个等式。）

这回请大块头来做好吗？

（大块头从容不迫地）

大块头　那我就做做看。设B和C是全集合A的子集合。

（大块头说到这儿，在黑板上写出了三个集合：

$A=\{x \mid x$是番号从1到25的机器人$\}$；

$B=\{y \mid y$是番号为3的倍数的机器人$\}$；

$C=\{z \mid z$是番号为4的倍数的机器人$\}$。

大块头　现在请机器人孩子们按这个条件来集合!

（于是，机器人孩子们像下图那样集合起来。）

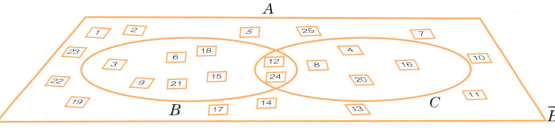

大块头　由于等号左边的$(\overline{B \cup C})$是$B \cup C$的补集合，因此，它是番号从1到25的机器人中，去掉番号为3的倍数或番号为4的倍数的机器人以后，剩下的那些机器人组成的集合。这个集合可用下面的维恩图表示。

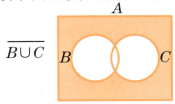

等号右边的$\overline{B}$和$\overline{C}$可用下面的维恩图表示。

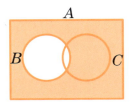
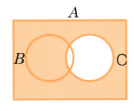

又由于$\overline{B} \cap \overline{C}$是$\overline{B}$和$\overline{C}$交集，因此$\overline{B} \cap \overline{C}$是由既不是编号为3的倍数也不是4的倍数的机器人组成的集合。这就是说

$\overline{B} \cap \overline{C}=\{1,2,5,7,10,11,13,14,17,19,22,23,25\}$

这个集合可用下面的维恩图表示。

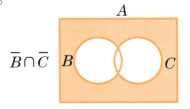

由此可见，这个集合与等号左边的$\overline{B \cup C}$相同。所以

$\overline{B \cup C}=\overline{B} \cap \overline{C}$

是正确的。

数学世界探险记

开心博士 大块头,你辛苦了!一般说来,在讨论中,$\bar{B}$和$\bar{C}$的交集不太好考虑。可是,大块头却出色地做出来了。不简单,我很佩服!我们前面讨论的两个法则是数学家摩根提出来的,因此称它们为"摩根法则"。

现在把这两个法则用语言叙述一下:

交集的补集等于补集的并集;

并集的补集等于补集的交集。

萨沙 听您这样来叙述,好像是在念佛经,不太好懂。

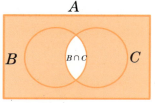

$\overline{B \cap C} = \bar{B} \cup \bar{C}$

开心博士 哈哈哈哈……,那么用左边的图来考虑就容易懂啦。这两个法则也是很重要的,请大家一定要记住。

米丽娅 如果好好来考虑,倒是明白的。不过,现在我的脑袋可够疲劳的了。

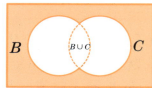

$\overline{B \cup C} = \bar{B} \cap \bar{C}$

萨沙 摩根这位学者真可气,弄出这么两个法则来麻烦人。

罗伯特 不管怎样,他能考虑出新的法则,就是了不起的学者呀!

1. 涂颜色。

① 把红色涂在 $\overline{B}$ 上。

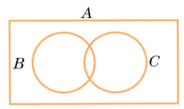

② 把蓝色涂在 $\overline{C}$ 上。

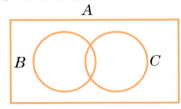

③ 把黄色涂在 $\overline{B \cap C}$ 上。

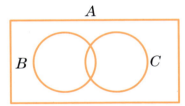

④ 把绿色涂在 $\overline{B} \cup \overline{C}$ 上。

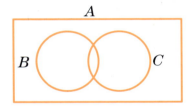

⑤ 把蓝色涂在 $\overline{B}$ 上，把黄色涂在 $\overline{C}$ 上。又涂蓝色又涂黄色的地方变成绿色。那么这绿色部分是什么样的集合？

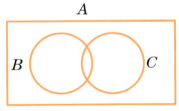

⑥ 把绿色涂在 $\overline{B} \cap \overline{C}$ 上。

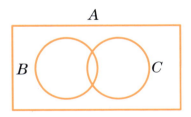

⑦ 把桃红色涂在 $\overline{B} \cup \overline{C}$ 上。

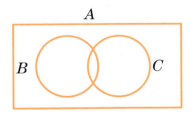

2. 已知

$A=\{1, 2, 3, 4, 5, 6, 7, 8, 9, 10\}$；

$B=\{2, 4, 7, 10\}$；

$C=\{4, 7, 8, 9\}$。

请由此出发，验证摩根法则。

数学世界探险记

哎哟!在S先生举起的硬纸板上……?

元素的个数

萨沙 噢，这是在第6册《神奇的箱子》中讨论过的变身箱啊。

罗伯特 嗯。装进箱子的是3个机器人，出来的却是数字"3"。这是怎么回事？

米丽娅 在本册书的第33页关于"集合的大小"的座谈会上不是讨论过这样的问题吗？那就是：集合的元素无论是大象还是松鼠，我们都是1，2，3，…地数它们的个数，然后由数出的个数来确定集合的大小。这个箱子在这里起的作用就是数数。我想是这样。

萨沙 嗯。无论什么样的集合，一经装进这个箱子，出来的就是表示这个集合的元素的个数的数字。

罗伯特 装进7头大象，出来的是7，装进一周的曜日，出来的也是7。

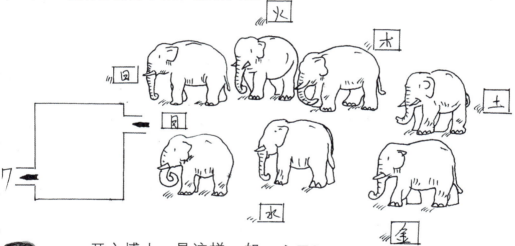

开心博士 是这样。如果集合A确定了，那么集合A的元素的个数也就确定了。比方说，告诉你A={a，b，c}，那么这个集合A的元素是多少个呢？

罗伯特 是3个。

开心博士 对，是3个。如果把这个集合A放到箱子里，那么表示元素的个数的那个数字就从箱子的出口放出来。

萨沙 开心博士，n(A)是什么意思？

开心博士 这是表示集合A元素个数的记号。例如，A={a，b，c}的元素的个数是3，那么就写作

$$n(A)=3$$

米丽娅 如果已知B={a，b，c，d，e}，那么，就有n(B)=5吧？

开心博士 是这样。n是英语单词number的开头。这个单词的意思是数(shǔ)。

数学世界探险记

S 请把下列集合的元素的个数写出来。

(1) $A=\{x \mid x$ 是不大于10的偶数$\}$；
(2) $B=\{y \mid y$ 是12的约数$\}$；
(3) $C=\{$香川县，德岛县，爱媛县，高知县$\}$；
(4) $D=\{\quad\} = \Phi$。

萨 沙 因为集合A的元素是2，4，6，8，10，所以，$n(C)=5$。

罗伯特 因为12的约数是1，2，3，4，6，12，所以，$n(B)=6$。

嘟 嘟 因为C的元素是4个县，所以，$n(C)=4$。

米丽娅 D是空集吧？因为D一个元素也没有，所以，$n(D)=0$。

下列的集合各有多少个元素？

1. $A=\{$春，夏，秋，冬$\}$；
2. $B=\{x \mid x$ 是小于10的奇数$\}$；
3. $C=\{$桔梗、泽兰、黄花龙菜、芒草、红瞿麦、葛根、胡枝子$\}$；
4. $D=\{y \mid y$ 是小于40的3的倍数$\}$。

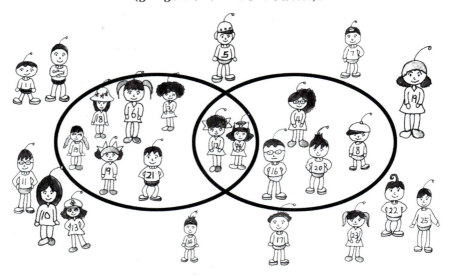

(机器人专家S做了个立正姿势，向机器人孩子们发号施令)

S 我规定A是由你们25个人组成的全集合；

$B=\{x \mid x$ 是番号为3的倍数的机器人$\}$；

$C=\{y \mid y$ 是番号为4的倍数的机器人$\}$。

现在请属于B和C的孩子分别到两个圈里集合！

(机器人孩子们按照S先生的指令，像往常一样，很快地站好了。)

$n(B \cup C) = n(B) + n(C) - n(B \cap C)$

萨沙 一看到这个式子就感到眼晕。$n(B \cup C)$ 是 B 和 C 的并集的元素的个数吧？哎哟，现在我的舌头已经不好使了，头也疼得厉害，说不下去了。唉……

(萨沙长长地叹了口气，大家都笑了。)

S 如果看一下机器人孩子们组成的集合 B 和 C，那么事情就清楚了。可以画出如下的维恩图。

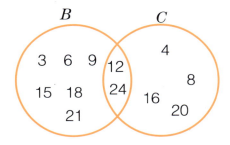

那么，萨沙，请你数一数 B 和 C 的并集 $B \cup C$ 的元素的个数吧！

萨沙 一用图考虑就简单了。B 和 C 的并集如果用列举式来写，那么就是 $B \cup C = \{3, 6, 9, 15, 18, 21, 12, 24, 4, 8, 16, 20\}$。所以
$$n(B \cup C) = 12$$

S 萨沙，这么简单的事，刚才你为什么叹气？

(听S先生这么一问，萨沙调皮地笑了。)

S 现在再考虑等号右边的情况。米丽娅，你看 $n(B)$ 和 $n(C)$ 各是多少？

米丽娅 由于 B 的元素是 3，6，9，12，15，18，21，24，因此数一下便知，$n(B) = 8$。同样，由于 C 的元素是 4，8，12，16，20，24，因此，$n(C) = 6$。

S $n(B)$ 和 $n(C)$ 加起来是多少？

米丽娅 $8 + 6 = 14$。

罗伯特 S老师，按方才萨沙做的结果，$n(B \cup C) = 12$，而 $n(B) + n(C) = 14$。在这里，由于 $B \cap C$ 中的 12 和 24 都数了两次，因此，应该从 $n(B) + n(C)$ 中减去 $n(B \cap C)$，即
$$n(B) + n(C) - n(B \cap C)$$
于是，有 $8 + 6 - 2$。

S 对。这样就有
$$12 = 8 + 6 - 2$$
所以
$$n(B \cup C) = n(B) + n(C) - n(B \cap C)$$
是正确的。

(说完，S先生又拿起了粉笔。)

数学世界探险记

机器人专家S在黑板上流利地写出了下面的问题。

在某一班里，拿口琴的有25人，拿笛子的有31人，其中既拿口琴又拿笛子的有14人，并且不存在这两样东西什么也不拿的人。那么请问，这个班共有多少人？

罗伯特 这是一个很有趣的问题。如果使用一下刚才的那个式子，立刻就能得到解答。

设$A=\{x \mid x$是拿口琴的人$\}$，
$B=\{y \mid y$是拿笛子的人$\}$。

那么，$A \cap B$就是既拿口琴又拿笛子的人的集合。$A \cup B$是这个班全体学生的集合。据此，可以画出下面的维恩图。

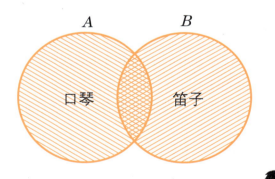

如果用一下刚才的那个式子，那么就有

$$n(A \cup B)=n(A)+n(B)-n(A \cap B)$$

全班人数　拿口琴的人数　既拿口琴又拿笛子的人数

拿笛子的人数

其中，$n(A)=25$，$n(B)=31$，$n(A \cap B)=14$。所以
$$n(A \cup B)=25+31-14=42$$
答 42人。

这么做对吧？

S 做得很好。利用公式解题是很有趣的。

罗伯特 是，太有趣啦！

四个机器人各出了一道题，米丽娅他们正在纸上做，请你们也做做看。

1. 在某一班里，老师说："请会骑自行车的把右手举起来，会游泳的把左手举起来！"结果，举右手的有34人，举左手的有29人，其中，两手都举过的有20人，没举过手的一个也没有。那么这个班共有多少学生？

2. 在某一班里，拿手帕的有32人，拿纸巾的有26人，其中既拿手帕又拿纸巾的有23人，什么也没拿的有3人。那么这个班共有多少学生？

3. 16个小朋友到附近的小河去钓鱼。钓到鲤鱼的有12人，钓到泥鳅鱼的有9人，其中，有人既钓到了鲤鱼又钓到了泥鳅鱼。那么钓到这两种鱼的人有多少？

4. 在某一班里，早晨刷牙的有36人，其中有19人晚上也刷牙。又知道这个班一共有38人，并且没有不刷牙的人。那么，在这个班里，晚上刷牙的有多少人？

数学世界探险记

小黑怪的挑战

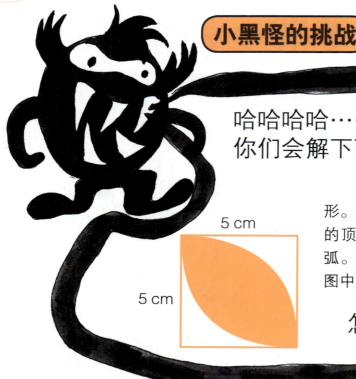

哈哈哈哈……
你们会解下面的问题吗？

有一个边长为5 cm的正方形。分别以这个正方形的两个相对的顶点为中心，以5 cm为半径画弧。那么这两个弧夹着的部分（左图中的黑色部分）的面积是多少？

怎么样？会做吗？

嘟　嘟　小黑怪，你出的题考不住米丽娅他们。

米丽娅　这个题好像不那么简单。怎么考虑呢？这个正方形的面积是25 cm²。两个弧夹着的黑色部分的面积大约是正方形面积的 $\frac{1}{3}$ 吧？……

（米丽娅这时有点慌神了。）

萨　沙　我看两个弧所夹的黑色部分可以看做集合A和集合B的公共部分。这样，它不就是A和B的交集了吗？在这种情况下，我们可以利用集合的元素的个数公式

$n(A \cup B) = n(A) + n(B) - n(A \cap B)$

来解。

S　嗯，这个思考方法很好。不过，由于这是一个面积的问题，因此，我们用英语单词menseki（面积）的字头m去替换n。

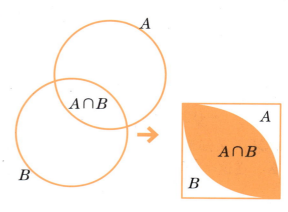

$$m(A \cup B) = m(A) + m(B) - m(A \cap B)$$

米丽娅 加油啊，不然怎么教训小黑怪呀！首先求A和B的面积看。

即 $m(A \cup B) = 25$。

萨 沙 这样，就有

$$25 = \frac{\pi \times 25}{4} + \frac{\pi \times 25}{4} - m(A \cap B)。$$

所以

$$m(A \cap B) = \frac{2(\pi \times 25)}{4} - 25 =$$

$$\frac{\pi \times 25}{2} - 25 =$$

$$\frac{78.5}{2} - 25 =$$

$$39.25 - 25 =$$

$$14.25$$

由上面的图形可以看出，由于A和B都是半径为5 cm的圆的面积的 $\frac{1}{4}$，因此，A和B的面积都等于 $\frac{\pi r^2}{4}$，即 $\frac{\pi \times 25}{4}$。

瞧，全做出来了，答案是14.25 cm²。

嘟 嘟 怎么样?小黑怪!

(小黑怪气得连皱眉又跺脚。)

罗伯特 $m(A \cup B)$ 是整个正方形的面积。因此，它等于 5 cm × 5 cm = 25 cm²。

按下面的要求，编写关于集合的元素的个数的问题。

1. 已知 $n(A)$，$n(B)$，$n(A \cap B)$，求 $n(A \cup B)$；
2. 已知 $n(A)$，$n(B)$，$n(A \cup B)$，求 $n(A \cap B)$；
3. 已知 $n(A \cup B)$，$n(A \cap B)$，$n(A)$，求 $n(B)$。

小黑怪的第二次挑战

我绝不甘心！

别以为做出了上面的题，就觉得自己了不起了。这回你们解解下面的问题看！

某班共有42人。通过举手的方式调查出，在这个班里喜欢棒球的，喜欢足球的，喜欢排球的人数如下表所示。

喜欢棒球的	22(人)
喜欢足球的	21
喜欢排球的	18
喜欢棒球和足球的	9
喜欢足球和排球的	8
喜欢棒球和排球的	7
三种球都喜欢的	3

当然，其中有举过好几次手的。
要你们回答：
(1)只喜欢棒球的有多少人？
(2)只喜欢足球的有多少人？
(3)只喜欢排球的有多少人？
(4)一次手没举的有多少人？

怎么样？能做出来吗？

萨 沙 哎呀，看来很难啊!这是一个很刁钻的问题呀!

罗伯特 我想，这题不一定就不好解。

米丽娅 画出维恩图看看。

萨 沙 设A是全班42人组成的全集合，B是喜欢棒球的人组成的集合，C是喜欢足球的人组成的集合，D是喜欢排球的人的集合。可是，怎么画维恩图呢?

米丽娅 我来画画看。
(米丽娅画出了下面的维恩图。)

罗伯特 米丽娅，如果把数写进

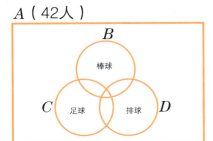

图里，不就更清楚了吗?在这个图中间那块的$A\cap B\cap C$是对三种球都喜欢的人的集合吧?

萨 沙 嗯。这样，在中间那块写上3就行了。为了方便，把这一块记作ⓖ。

另外，$B\cap C$是既喜欢棒球又喜欢足球的人的集合。由于属于这个集合的有9人，因此在这一部分写上9。为

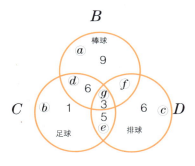

了方便，把这一部分记作ⓓ。

米丽娅 不对吧!由于$B\cap C$中也包含了ⓖ中的3人，因此，在ⓓ部分应该写6。

萨 沙 是这样!图中的ⓕ部分，应该是从既喜欢棒球又喜欢排球的人中减去三种球都喜欢的人，因此，这部分的人数是7-3=4。所以这部分应该写4。

嘟 嘟 因为有重复现象，所以才使我们难办。
(嘟嘟张开小嘴，长长地叹了口气。)

嘟 嘟 那么到底怎么才能算出只喜欢棒球的人呢?

罗伯特 由于喜欢棒球的总共有22人，而在这些人中，既包括ⓓ的6人，又包括ⓖ的3人，还包括ⓕ的4人。所以，只喜欢棒球的有22-6-3-4=9(人)。

(米丽娅他们画出的维恩图见下页。)

数学世界探险记

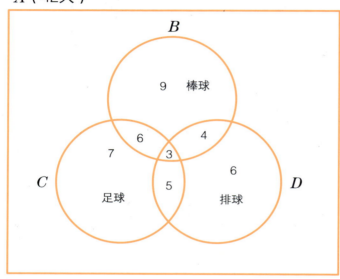

米丽娅 看来，小黑怪的问题很快就全部得到解决了。

萨 沙 小黑怪，我把你提出的问题都答给你看。

(萨沙大声地说)

萨 沙 只喜欢棒球的有9人，只喜欢足球的有7人，只喜欢排球的有6人。

小黑怪 那么一次手没举的有多少人？

(这时，罗伯特向前迈了一大步。)

罗伯特 B，C，D的人数合起来是42。这样，从42中减去图中的每个数就行了。

嘟 嘟 真漂亮，四个问题全答出来了。

(小黑怪把嘴撇得老大，摆出一副仍然不服气的面孔。)

小黑怪的第三次挑战

来！看看这回怎么样？

这里有3个集合A，B，C。你们能用维恩图来说明下面的等式是正确的吗？

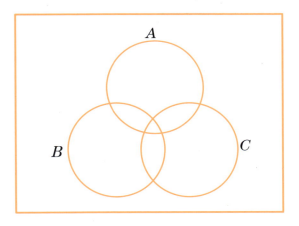

$n(A\cup B\cup C)=n(A)+n(B)+n(C)-n(A\cap B)-n(B\cap C)-n(C\cap A)+n(A\cap B\cap C)$

嘟嘟 这回够呛了吧？这可是个大难题呀！简直像给大学生出的题！

米丽娅 嘟嘟，不要长小黑怪的志气，灭我们自己的威风。这道题与刚才的棒球、足球、排球的问题是一样的。

萨沙 这个式子看起来很难，如果实际做一下，也许会出人意料的简单。

罗伯特 好了，画一个涂上颜色的维恩图看看吧。

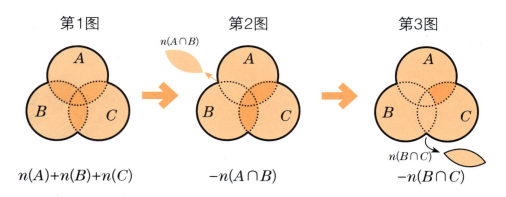

$n(A)+n(B)+n(C)$　　　　$-n(A\cap B)$　　　　$-n(B\cap C)$

米丽娅 我来画等号左边的$n(A)+n(B)+n(C)$的维恩图(第1图)。容易看出,图中出现了重叠的部分。特别是中间的$A\cap B\cap C$部分是三重叠。

罗伯特 必须把重叠上去的去掉。首先去掉A和B的交集,即去掉$A\cap B$。于是得图2。

嘟　嘟 如果不继续去掉元素的话,那么元素的个数还多。只有把元素去掉到使整个图的颜色浓淡程度完全一样才行。

萨　沙 好,那么再去掉B和C的公共部分(图3)。这样,还只差一小块整个图的颜色的浓淡程度就完全一样了。现在请嘟嘟再去掉$n(C\cap A)$吧。

嘟　嘟 好,我来做。

(嘟嘟一边说一边画出了第4图。)

罗伯特 嘟嘟,去多了。当你去掉$n(C\cap A)$以后,中间那块不就空了吗?

米丽娅 不要慌。把多去的元素再填回来不就行了吗?

罗伯特 对呀。这样一来,$A\cup B\cup C$的元素的个数$n(A\cup B\cup C)$就一个不多一个不少地求出来了。

嘟　嘟 万岁!这样就把等式
$n(A\cup B\cup C)=n(A)+n(B)+n(C)-$
　　　　$n(A\cap B)-n(B\cap C)-$
　　　　$n(C\cap A)+n(A\cap B\cap C)$
验证完了。

罗伯特 先别急,嘟嘟!这个式子也适合前面的那个棒球、足球、排球的问题。证实一下好吗?

(罗伯特问题提得不错。学数学需要精细。证实一下罗伯特说的问题是必要的。)

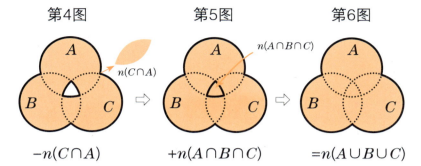

第4图　　　　第5图　　　　第6图

$-n(C\cap A)$　　$+n(A\cap B\cap C)$　　$=n(A\cup B\cup C)$

萨沙　那就做做看吧。先列一个表。

（萨沙列出了下面的表。）

嘟嘟　嗯，再把没举过手的2人考虑进去，刚好是全班人数，即42人。

罗伯特　把表中的数代入第95页那个式子的右边，如果计算结果等于40就行了。

（在罗伯特说话的时候，萨沙画了下面的维恩图。）

嘟嘟　好，让我来计算一下。 22+21+18-9-8-7+3=40。

喜欢棒球的人(集合A)	22(人)
喜欢足球的人(集合B)	21
喜欢排球的人(集合C)	18
喜欢棒球和足球的人($A\cap B$)	9
喜欢足球和排球的人($B\cap C$)	8
喜欢棒球和排球的人($C\cap A$)	7
三种球都喜欢的人 ($A\cap B\cap C$)	3

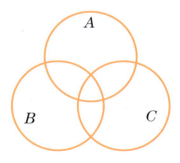

成功了！成功了！计算结果果然是40。

（嘟嘟高兴地跳了起来。这时再也看不到小黑怪那种咄咄逼人的傲慢姿态了。）

米丽娅　由维恩图可以清楚地看到

$$n(A\cup B\cup C)=40$$

数学世界探险记

1. 下面所说的集合,哪个是正确的?
① 秋天的七类草(指胡枝子、芝草……)的集合;
② 美人的集合;
③ 聪明人的集合;
④ 不大于100的10的倍数的集合;
⑤ 用7除余3的整数的集合。

2. 把下面的集合用列举式表示出来。
$A=\{x \mid x$ 是能被2整除的不大于10的自然数$\}$。

3. 把下面的集合用描述式表示出来。
① $A=\{4,8,12,16,20\}$;
② $B=\{4,7,10,13,16,19\}$。

4. 设 $A=\{x \mid x$ 是不大于10的自然数$\}$。请把属于 A 的3个元素用属于符号表示出来。

5. 在下面给出的空集的表示式中,哪个是正确的?
$A=\{0\}$, $A=\{\ \}$, $A=\phi$,
$A=0$, $A=\{\phi\}$, $A=\{\ \}=\phi$。

6. 把 $A=\{a, b, c\}$ 的全部子集合写出来。

7. 把颜色涂在所指的集合上。

① $A \cap B$　　　② $A \cup B$　　　③ $A \cap (B \cup C)$

8. 把颜色涂在所指的集合上。

① $\overline{B \cup C}$　　　② $\overline{B} \cap \overline{C}$　　　③ $\overline{\overline{B} \cup C}$

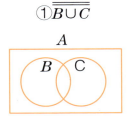
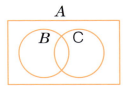
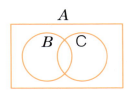

9. 在39人的班里，喜欢单杠的、投球游戏的、软式棒球的人数如下表所示。

喜欢的项目	单杠	投球游戏	软式棒球	单杠和投球游戏	单杠和软式棒球	投球游戏和软式棒球	单杠投球游戏软式棒球
人数	14	21	19	8	7	10	3

请回答：
① 只喜欢单杠的有多少人？
② 只喜欢投球游戏的有多少人？
③ 只喜欢软式棒球的有多少人？
④ 对三种游戏都不喜欢的有多少人？

数学家康托

开心博士 我们在考虑一些事情的时候，常常不知不觉地就使用了集合的思考方法。

在集合的思考方法确立之前，当人们看到放在桌子上的铅笔、醮水钢笔、笔记本、书、花瓶、剪子、水杯等时，常常会想到在桌子上聚集了一些东西。但是，谁也没理会到这里有集合的思考方法。集合论最先是由德国数学家康托(生于1845年，死于1918年)提出来的。他死后，一些数学家在他工作的基础上，经过艰苦的努力，建立起了极其辉煌的现代数学的大厦。

康托是现代数学的恩人。但是，他在集合方面天才的创建，并没有被同时代的人所承认。除了他的几个好友外，其他人都不理解。康托为此郁郁寡欢，后来病死在精神病院。

关于无限的研究

开心博士 康托推动了集合论和关于无限的研究。

(尽管有规定，在小学阶段不涉及无限集合。但是，为了使大家了解为什么康托的思想不被同时代的人所理解，下面说了一点在康托研究中涉及的问题。)

开心博士 "点"，大家都知道吧。点是不能再分割的东西，它没有大小，只表示位置。

现在拿来一条短线段和一条长线段。大家可以想象到，它们都包含许许多多的点。

罗伯特 长线段包含的点理所当然地要比短线段包含的点多。

开心博士 可是，康托却证明了无论是长线段还是短线段，它们包含同样数量的点。请看下图。

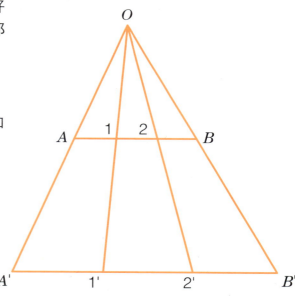

开心博士 AB是短线段，$A'B'$是长线段。设联结端点A和A'的直线和联结端点B和B'的直线相交于点O。设1是在线段AB上任意取的一点，那么，联结O和1的直线与线段$A'B'$交于点$1'$。设$2'$是在线段$A'B'$上任意取的一点，那么，联结O和$2'$的直线与线段AB交于点2。这表明，线段AB上的点，与线段$A'B'$上的点是一一对应的。由此可知，这两条线段上点的数量是相同的。我所做的这个说明，大家听懂了吧？

米丽娅 的确是这样。线段AB上的全部的点与线段$A'B'$上的全部的点是一一对应的。

有限的半圆与无限的直线有同样数量的点。

开心博士 再举一个例子。请看下图。

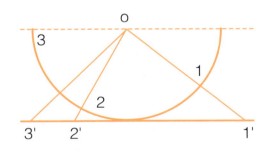

开心博士 像图所表示的那样，在无限长的直线的上方画一个半圆。设这个半圆所在的那个圆的中心点是O。谁都知道，这个半圆的长是有限的。现在我来说明，半圆上的点和无限直线上的点能够建立起一一对应。

正像图中所画的那样，联结O和$1'$的直线与无限长的直线交于点$1'$，联结O和$2'$的直线与半圆交于点2。像这样，如果用通过点O的直线，使半圆上的点与直线上的点一一对应的话，那么，通过点O的那些直线越来越靠近那条直线的平行线。

萨沙 这真出乎我的意料。不过，确实是这样啊。

开心博士 由此可以看出，半圆上点的数量与无限长直线上点的数量是相同的。

罗伯特 真是不可思议呀！

开心博士 你们会越来越觉得数学是非常有趣的。和你们对上面的例子感到惊讶一样，由于当初康托的研究超出了人们直观上的认识范围，因此招来了同时代一些数学家的嘲笑。并且他杰出的论文不能在自己国家的一流杂志上发表。但是，康托坚信自己的研究成果是正确的。

米丽娅 真是一位了不起的数学家呀！如果没有他的研究成果，那么就不会有后来的现代数学。

开心博士 是的，康托的数学，开辟了一个崭新的数学领域。

树图

透过机器人学校二楼的窗户,能够看到绿树遮掩下的山丘以及坐落在山丘顶上S先生的住房。

夜来临了,S先生住房的三个窗户后面的电灯都亮了起来。

米丽娅 瞧。左边窗户后面的电灯熄灭了。哎哟,中间窗户后面的电灯也熄灭了,只有右边窗户后面的电灯还亮着。

萨沙 瞧,现在只有左边窗户后面的电灯亮着。

罗伯特 嚄,现在只有中间那个窗户面的电灯亮着。

米丽娅 等一会到了睡觉的时间,三窗户后面的电灯就会都熄灭了。

S 我要回家休息去了,现在给你们一道题:

我家三个窗户的后面各安了一个电灯请问这3个灯有多少种开法?

（S先生走后，探险队的队员们对3个电灯的开法进行了讨论。）

嘟 嘟 哎哟，这里大概有3个灯全开的情况，3个灯全不开的情况，只开左边那个灯的情况，只开中间那个灯的情况，既开中间那个灯又开右边那个灯的情况，还有，……哎哟，这么多情况，简直把我的脑袋都搅昏了！

罗伯特 喂！树图是怎么回事来着？噢，想起来了。这在本册书的第40页已经讲过了。

萨 沙 树图就像一根树干上分出来的一些枝条。因为形状像树，所以叫树图。

米丽娅 前面我们做3个机器人做任意的组合去郊游的问题时，使用过树图。

罗伯特 设S老师家的3个电灯分别是a，b，c，我们在"a开，a不开"的前提下，考虑"b开，b不开"……这样，用树图来做就行了。

米丽娅 首先设a开。在这个前提下，有b开、b不开的情况。进一步，在a开b开的前提下，又有c开、c不开的情况……

这个问题像3个机器人做郊游那个问题一样，可以用树图来考虑。

萨 沙 会了。3个电灯的开法一共有8种。

罗伯特 设3个电灯组成的集合为A，那么

$$A=\{a, b, c\}$$

这样，讨论这个集合有多少个子集合就行了。

米丽娅 这里要特别注意的是：a，b，c都开和a，b，c都不开的两种情况都是$\{a, b, c\}$的子集合。这可不能忘啊！

嘟 嘟 树图真有用。我得好好复习一下第40页的内容。

```
                    c开 …………………… {a, b, c}
         b 开  <
                    c不开 ………………… {a, b    }
a 开  <
                    c开 …………………… {a,    c}
         b不开 <
                    c不开 ………………… {a       }


                    c开 …………………… {b,    c}
         b 开  <
                    c不开 ………………… {b       }
a不开 <
                    c开 …………………… {      c}
         b不开 <
                    c不开 ………………… {        }
```

树图的应用十分广泛

开心博士　S老师讲的树图不仅仅限于用在数学上。它的应用十分广泛。例如，一个人在世界上的住处也能用树图来表示。看下图。

米丽娅　树图太有趣啦。只要看它一眼，情况就清楚了。

开心博士　是这样，事物的分类，都可以用树图来考虑。那么，谁来考虑一下杨梅的树图？

（大家拿出了植物鉴看。）

胖噜噜　啊！原来杨梅属于蔷薇科呀。

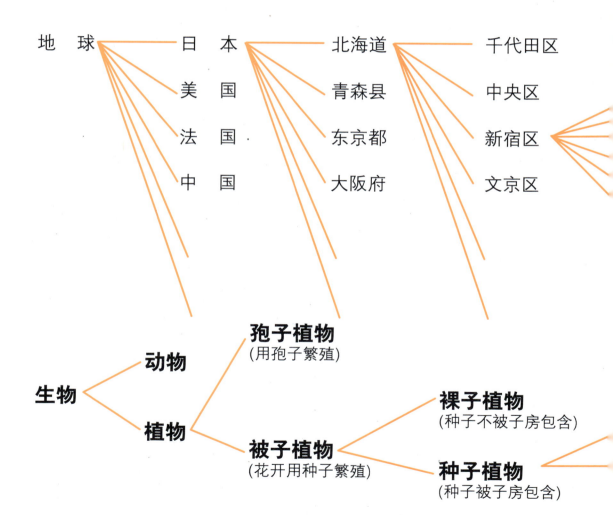

（夜深了。待一会儿探险队的队员们入睡后，大概还要做关于树图的梦吧。）

喜　鹊　听说明天S老师要出很多树图的问题。利用树图不仅能对事物进行分类，而且能解决更难的一些问题。

开心博士　要知道树图多么有趣，明天好好听S老师的讲解吧。

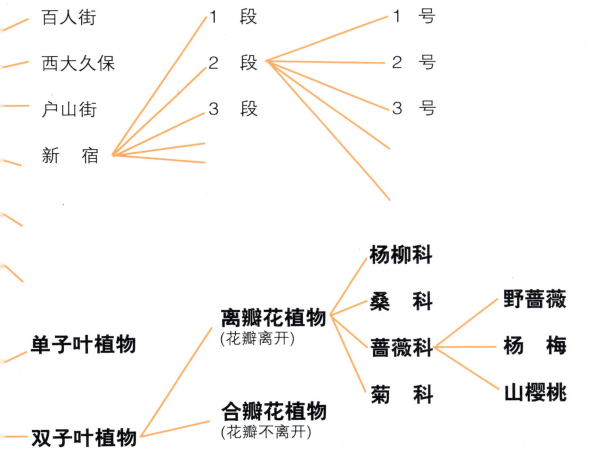

数学世界探险记

早晨，S先生一到，马上就提出了问题。

问题1 大郎、二郎、三郎、四郎兄弟4人约定下星期天去郊游。但是，可能由于某种原因，有去不上的人。那么请问，这次郊游总共可能出现多少种组合？

萨沙 在第40页说的那个郊游问题涉及的是3个人，这个问题涉及的是4个人。不管涉及几个人，我们都可以用树图来做。

罗伯特 设兄弟4人组成的集合为 B，兄弟4人分别用 a，b，c，d 来表示。然后按"去，不去"的情况就可以画出树图。

米丽娅 由于集合 B 含有4个元素，因此，能够得到的组合一定多于8个。

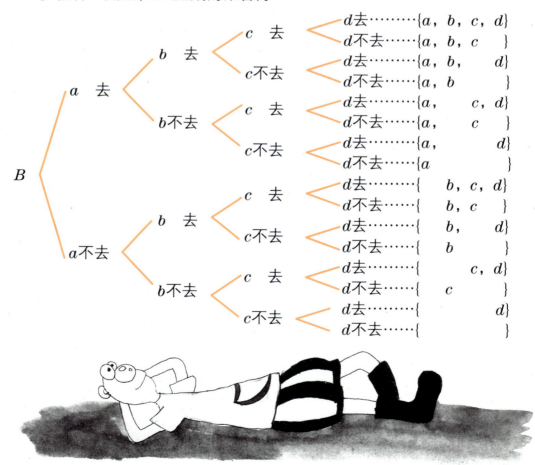

米丽娅 好家伙，从4个人都去到4个人都不去，一共有16种情况啊！

萨 沙 也就是说，含有4个元素的集合，其子集合有16个吧？

S 对。集合的元素越多，子集合越多，画出的树图越大。含3个元素的集合有8个子集合，含4个元素的集合就有16个子集合。那么，这个8或16能不能按一定的方法算出来呢？

罗伯特 是不是用元素的个数乘4呢？

米丽娅 $4 \times 4 = 16$，这个倒行。可是，当元素的个数为3时，有$3 \times 4 = 12$。这也不是8呀！这可难住我们了。

S 那么我来教你们吧。在第40页那道题里，元素的个数是3，a分"去，不去"两种情况，b也是分"去，不去"两种情况，c还是分"去，不去"两种情况。这表明，分两种情况的回数是3。因此
$$2 \times 2 \times 2 = 8$$
在方才那个问题里，元素的个数是4。如果按"去，不去"两种情况来分，那么出现的回数是4。因此，有
$$2 \times 2 \times 2 \times 2 = 8$$
所以，一共有8种组合。

罗伯特 会了，只要知道元素的个数，就能算出总的组合数。

S 那么请回答：分别安装在两个窗户后面的两个电灯的开法共有多少种可能情况？

罗伯特 a分"开，不开"两种情况，b也分"开，不开"两种情况。所以，总共有$4(2 \times 2 = 4)$种情况。

S 如果设元素的个数为n，那么，就用2^n来计算全部组合的数量。

太郎和健一是一对好朋友，两家对面住着。为了联系方便，他俩在各自家的窗户上都安装了4个小灯泡，并利用灯泡"亮+不亮"的办法规定了一些暗号。

现在设4个小灯泡分别为a，b，c，d，那么用它们总共可以规定出多少种暗号？

数学世界探险记

问题2 想到山顶去。已知从山下到半山腰的地藏菩萨处有4条路可走，从地藏菩萨处到山顶有3条路可走。请问从山下到山顶总共有多少种走法？

萨 沙 我想，这道题还是用树图来考虑。

米丽娅 这是一个什么样的树图呢？从山下到地藏菩萨处有4条路可走，从地藏菩萨那儿到山顶有3条路可走……

萨 沙 设从山下到地藏菩萨处的4条路分别为 a，b，c，d，从地藏菩萨那儿到山顶的3条路分别为 o，p，q。那么，如果开始走路 a，那么接下来可按 $a—o$，$a—p$，$a—q$ 的路线来走。如果开始走路 b，那么接下来可按 $b—o$，$b—p$，$b—q$ 的路线来走……于是，可以画出下面的树图。

米丽娅 是这样。

萨沙　所以，总共有12种走法。

罗伯特　开始，从山下到地藏菩萨处有a，b，c，d4条路可走，接下来从地藏菩萨那儿到山顶，无论开始走的是a，b，c、d中的哪一条路，都有o，p，q3条路可走。所以，一共有12($4 \times 3=12$)种走法。这样做对吧？

米丽娅　太对了。现在再编一道题看。

罗伯特　想到森林中的一个秘密场所去。已知去往森林有5条路可走，而由森林去往秘密场所也有5条路可走。那么……

罗伯特　到秘密场所去的走法有25($5 \times 5=25$)种。

米丽娅　那么画出树图看看吧!

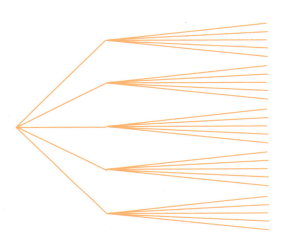

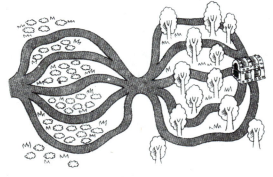

萨沙　的确是25种，$5 \times 5=25$嘛。

S　好，说得很明白。对于这类问题，用$m \times n$就可以算出到底有多少种方法。要记住，$m \times n$。

1. 百位上的数字可以是1，2中的任何一个，十位上的数字可以是0，2，5，6中的任何一个，个位上的数字可以是4，7，8中的任何一个。按这些条件总共可以做出多少个3位数？

2. 从A地到B地有3条路可走，从B地到C地有5条路可走。那么从A地经B地到C地一共有多少种走法？

问题3 用1,2,3,4,5,6总共能组成多少个3位数?同一个数字可以重复使用。

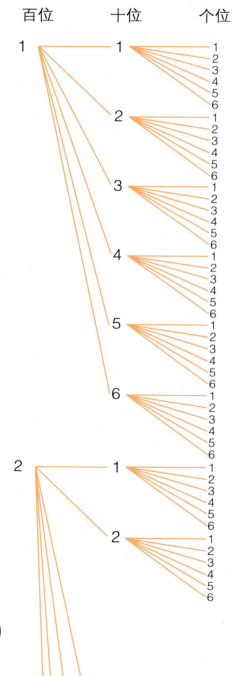

米丽娅 这个问题很难吧?所说的同一个数字可以重复使用,就是指组成666,555…这样的3位数也行吧?

S 是这样。请大家用树图来考虑。

米丽娅 1,2,3,4,5,6中的任何一个都可以取做百位上的数字;百位上的数字取定以后,1,2,3,4,5,6中的任何一个又都可以取做十位上的数字;百位和十位上的数字取定以后,从1到6中的任何一个还都可以取做个位上的数字。这样,就能画出左边那样的树图。

嘟 嘟 看到这个树图,真使我感到惊讶呀。

(嘟嘟很钦佩米丽娅,看她画出的树图,眼睛都瞪圆了。)

萨 沙 那么总共可以组成多少个3位数呢?

米丽娅 百位上的数字有6种取法,十位上的数字也有6种取法,个位上的数字还是有6种取法。所以总共能组成216（6 × 6 × 6 =216)个3位数。

罗伯特 我也是这么想的。再举一个例子看。

　　罗伯特　用从1到3的3个数总共能组成多少个3位数？

　　　　由于百位、十位、个位上的数字各有3种取法，因此，可以组成27（3×3×3=27）个3位数。

　　萨　沙　对。我来画树图。

（萨沙认真地画出了右面的树图。）

　　萨　沙　和算出来的结果一样，总共可组成27个3位数。

　　米丽娅　的确是这样。

　　S　这种类型题，用 m^n 来计算就可以了。

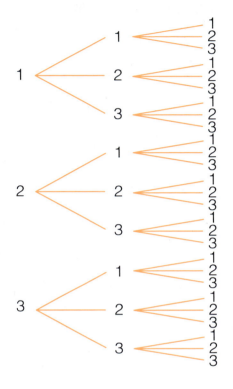

1. 用不大于10的偶数总共能组成多少个2位数？十位和个位上的数字可以相同。

2. 用从1到9的9个数总共组成多少个4位数？同一个数可以重复使用。

数学世界探险记

 问题4 这里有一面还没有涂上颜色的三色旗。如果用红、蓝、黄三种蜡笔往上涂颜色,那么总共有多少种涂法?如果用四种颜色、五种颜色分别往旗上涂颜色,那么总共有多少种涂法?

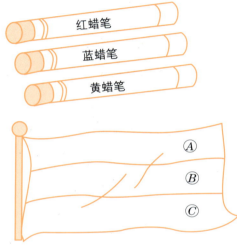

大块头 这是一个很有趣的问题,让我来做做看吧。

设旗的三部分分别为Ⓐ、Ⓑ、Ⓒ,那么,Ⓐ部分有涂红、蓝、黄3种可能。还是画个树图吧。

胖噜噜 当心啊,大块头!

大块头 先把红、蓝、黄三个字写出来。

(大块头一边思考,一边画出了左面的树图。)

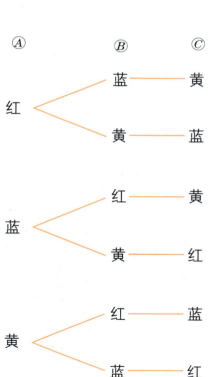

大块头 一共有6种涂法。这个结果可以通过计算得出来:

对Ⓐ来说,有红、蓝、黄3种涂法;对Ⓑ来说,在Ⓐ涂上一种颜色后,有2种涂法;对Ⓒ来说,在Ⓐ和Ⓑ都涂上颜色以后,只有1种涂法。所以,总共有6(3×2×1=6)种涂法。

S 大块头做得很好啊!那么,用红、黄、蓝、白四种蜡笔往这面旗上涂颜色,一共有多少种涂法?

胖噜噜 对于这个问题，让我仿照大块头的做法画出树图看。当在Ⓐ部分涂上红色以后，那么，……

(胖噜噜一边说一边拿起铅笔画出了下面的树图。)

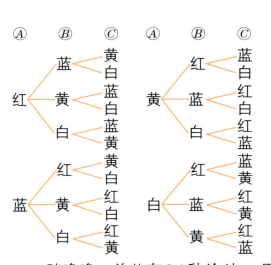
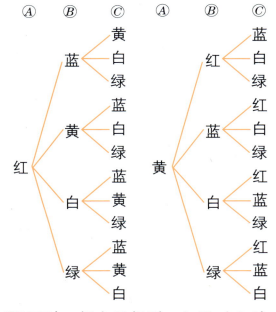

胖噜噜 总共有24种涂法。因为对Ⓐ有4种涂法，对Ⓑ有3种涂法，对Ⓒ有2种涂法。所以，总共有24(4×3×2=24)种涂法。

啊！不过，很容易想到，如果对Ⓐ涂红色，那么可以得到12种涂法；如果对Ⓐ涂蓝色，那么也可以得到12种涂法……。总之，在对Ⓐ分别涂红、蓝、黄、白、绿的情况下，各有12种涂法。所以总共有60(5×12=60)种涂法。

嘟 嘟 用五种不同颜色的蜡笔往这面旗上涂颜色的问题由我来做。设第五种蜡笔为绿色……

(嘟嘟画出了右上方的树图。)

嘟 嘟 唏，画这个树图挺麻烦

S 嘟嘟做得很漂亮。也可以这样考虑：因为对Ⓐ有5种涂法，对Ⓑ有4种涂法，对Ⓒ有3种涂法。所以，总共有60(5×4×3=60)种涂法。

用从1到9的9个数字能做成多少个3位数？其中，在每个3位数中，一个数字只能出现一次。

数学世界探险记

问题5　右边画有5个点，其中任何3个点不在一条直线上。那么用这些点能联出多少条直线？

A

B　　　　　　C

E　　D

米丽娅　这道题挺难啊。先拿出3个点来考虑看看怎么样？

萨　沙　嗯，这比考虑5个点要简单。

米丽娅　如果这样的话，那么，从A开始可以联出AB和AC两条直线，从B开始可以联出BA和BC两条直线，从C开始可以联出CA和CB两条直线。

但是，在这些直线中，有同一条直线数两回的情况。例如，由A向C联出的直线与由C向A联出的直线就是同一条直线。所以，……

（说到这儿，米丽娅卡住了。）

罗伯特　画出树图看看吧。

（罗伯特画出了左边的树图。）

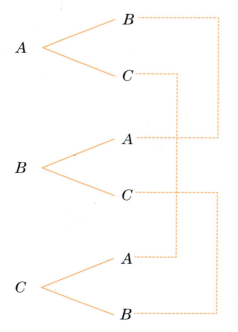

罗伯特　米丽娅考虑得对。因为由A向B联出的直线和由B向A联出的直线是同一条直线，由A向C联出的直线和由C向A联出的直线是同一条直线，由B向C联出的直线和由C向B联出的直线是同一条直线。所以，左边树图中的6条直线要用2来除。于是，$6 \div 2 = 3$。最后的答案是：共联出3条直线。

萨　沙　现在来考虑5个点的情况。

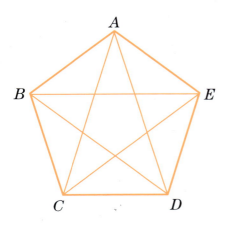

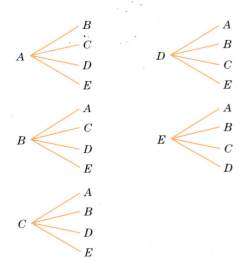

萨 沙 从左边的树图可以看出有20(4×5=20)条直线。但是，在这20条直线中，实际上是两个两个相同的。所以，这个20应被2除。于是，有20÷2=10。答案是：5个点(其中任何3个点不在一条直线上)能联出10条直线。

S 做得对。那么请大家考虑：如果给出12个点，其中任何3个点都不在一条直线上，那么总共能联出多少条直线？

罗伯特 回答这道题不难。因为12个点中的每一点向其余的点联线能联出11条直线。所以，总共能联出132(11×12=132)条直线。但是，由于在这些直线中两个两个相同，因此，实际上，总共能联出66(132÷2=66)条直线。

S 分析得很清楚。那么再考虑下一个问题吧。

1. 有6个点，其中任何3个点不在一条直线上。那么用这6个点总共能联出多少条直线？

2. 在一个8边形中有多少条对角线？

3. 8个人每天早上互相问候一次"早安"。那么请回答他们在一个早上共问候多少次"早安"？

4. A，B，C，D 4个队做投球比赛。4个队中无论哪个队都要比赛2次，然后按比赛成绩排出名次。问按这个规定，这4个队总共要做多少次比赛？

数学世界探险记

问题6 有 A，B，C，D，E，F，G，H 8个棒球队。
(1)如果8个队做淘汰赛，那么一共比赛多少场?
(2)如果8个队做循环赛，那么一共比赛多少场?

米丽娅 什么是淘汰赛呀?我不懂。

萨 沙 请看下图。首先把8个队分成4个组，每组2个队。各组的胜者再分成2个组，每组2个队。各组的胜者再赛，取胜的那个队就是优胜者。

米丽娅 原来是这么回事啊。

萨 沙 按照画出的图一数，8个队总共比赛7场。

罗伯特 比赛的场数比队数少1呀。如果不是8个队，那么比赛的场数也比队数少1吗?

(说完，罗伯特画出了下面的图。)

米丽娅 比赛的场数也是等于队数减1呀。

萨 沙 我想应该是这样：在淘汰赛中，直到最后也没输过的队是优胜者。由于在整个比赛中，每赛一场都淘汰1个队，因此，在8个队的情况下，需比赛7场才能淘汰7个队。由此可以看出，淘汰赛的比赛的总场数一定等于"队数−1"。

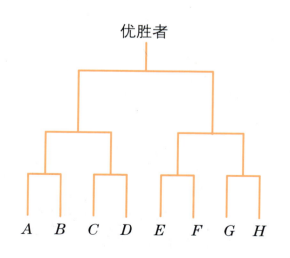

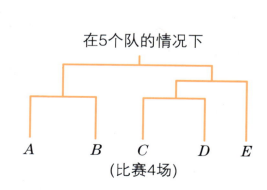

在5个队的情况下

(比赛4场)

罗伯特 这回来讨论循环赛。按循环赛制的规定，在整个比赛中，任何两个队都相遇一次。

米丽娅 这个问题与前面说的那个用5个点(其中任何3个点不在一条直线上)能联出多少条直线的问题完全类同。我们可以把那里的 A 和 B 联线看做 A 和 B 比赛。这样，我们现在所讨论的循环赛的比赛场数的问题不就解决了吗？

萨 沙 真不简单，米丽娅！这想法太好啦。

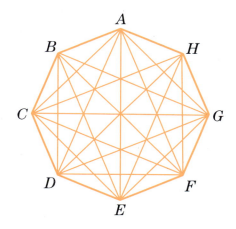

(萨沙非常麻利地画出了8个点，并联成了左边那样的图。)

萨 沙 米丽娅说得对。对 A 队来说，它要和其余的7个队分别比赛；对 B 队来说，它也要和其余的7个队分别比赛；对其他各队来说，也是如此。因此，有 $7 \times 8 = 56$。但是，与前面说的同一条直线数两回一样，这个56应被2除。于是，有 $56 \div 2 = 28$。所以，8个队做循环赛总共要比赛28场。

罗伯特 的确是这样。萨沙这个人一说体育比赛就来精神。

(萨沙有点不好意思地吐了吐舌头。)

1. 有6个足球队要进行比赛。
   ①如果是淘汰赛，那么一共要比赛多少场？
   ②如果是循环赛，那么一共要比赛多少场？

2. 有12个点，其中任何3个点不在一条直线上。那么用这12个点总共能联出多少条直线？

数学世界探险记

哈哈,
哈哈,
哈哈……

说什么你懂得集合?
可别叫人笑掉大牙呀!
如果做不出我出的题,就别吹牛说自己懂得集合!
如果不服气,你就做做看!如果做不出来,对不起,请重读这本书吧!
哈哈哈哈……

1. 当问一郎、二郎、三郎3个人游不游泳时,那么总共会有多少种答案?并写出所有情况。

2. 已知$A=\{a, b, c, d\}$,那么A的子集合一共有多少个?并把它们都写出来。

3. 当集合A的元素为m个时,那么集合A的子集合共有2^m个。用例子来验证这个说法是正确的。

4. 打棒球时有4个打外场的队员。如果从这4个人中选出1个左外场手,1个中锋和1个右外场手,那么总共有多少种选法?

5. 5个人排成一列,一共有多少种排法?

6. 确定由9个人组成的棒球队的击球顺序,一共有多少种方法?

7. 如下图所示。把一个长方形分成①、②、③、④、⑤五部分。分别往这五部分上涂红、蓝、黄、白、绿五种颜色,总共有多少种涂法?

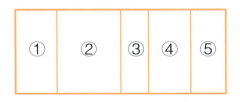

8. 24个队做淘汰赛,共比赛多少场?如果做循环赛,那么共比赛多少场?

集合的乘法

（机器人学校的楼内墙壁上，要重新贴上漂亮的瓷砖。）

S　走，大家干活去！

（机器人孩子们一边说笑一边向干活的现场走去。）

萨　沙　我们也去帮着干！

（在干活的现场，已准备好了各种各样形状的瓷砖和各种各样颜色的油漆。）

S　把油漆涂在瓷砖上，会使贴上瓷砖的墙壁变得更加漂亮。

（机器人孩子们接连不断地往瓷砖上涂颜色。）

（机器人专家S向大家提出问题。）

S　现有圆形、三角形、四边形、六边形、菱形5种形状的白瓷砖和红、蓝、黄、绿4种颜色的油漆。在瓷砖上涂上颜色（每块瓷砖上只能涂1种颜色）后，能形成多少种瓷砖？当然白瓷砖也包括在内。

嘟　嘟　涂颜色以后，即使同是圆瓷砖，也会分成红、黄、蓝、绿、白5种。

米丽娅　嘟嘟考虑得对。那么，按嘟嘟的想法做一个表，看起来不就更清楚了吗？

（米丽娅说完，做出了下面的表。）

色＼形	○	△	□	⬡	◇
红	●	▲	■	⬢	◆
蓝	●	▲	■	⬢	◆
黄	●	▲	■	⬢	◆
绿	●	▲	■	⬢	◆
白	○	△	□	⬡	◇

米丽娅　一看便知，一共有25（5×5=25）种瓷砖。

罗伯特　嗯。就是"形数×色数"嘛。

两个集合相乘

(机器人专家S对米丽娅做的这个非常满意。)

S 米丽娅做的这个表真是好极了!

由这个表可以清楚地看出,确实可以形成25种瓷砖。这个问题恰是我们要研究的两个集合相乘的问题。

现在设图形的集合为A,那么,$A=\{$圆,三角形,四边形,六边形,菱形$\}$,再设颜色的集合为B,那么,$B=\{$红,蓝,黄,绿,白$\}$。

请把A的每一个元素分别与B的元素一个一个地搭配起来。

米丽娅 从A中拿出圆,从B中拿出红,两者一搭配就得到红圆。

嘟嘟 从A中拿出四边形,从B中拿出黄,两者一搭配就得到黄四边形。

S 说得对。像这样,由两个集合A和B的元素互相搭配能生成新的元素;而由这些元素所组成的新的集合,叫做A和B的积。这个积用$A \times B$表示。于是,这个新集合的元素就是由形和色搭配出来的25种瓷砖。明白

$$A \times B = \begin{cases} 红圆,红三角形,红四边形,\\ 红六边形,红菱形 \\ 蓝圆,蓝三角形,蓝四边形,\\ 蓝六边形,蓝菱形 \\ 黄圆,黄三角形,黄四边形,\\ 黄六边形,黄菱形 \\ 绿圆,绿三角形,绿四边形,\\ 绿六边形,绿菱形 \\ 白圆,白三角形,白四边形,\\ 白六边形,白菱形 \end{cases}$$

吧?

米丽娅 明白。看来,集合的乘法很好懂啊。

S 现在请考虑这样一个问题：已知两个集合是

$A=\{$子音中的K, P, N, H, R$\}$，
$B=\{$母音中的a, i, u, e, o$\}$。
求$A \times B$。萨沙，你来做好吗？

萨 沙 我做做看吧。我把A的元素竖向排列出来，B的元素横向排列出来。这样就可以得到下表。

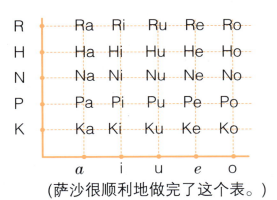

（萨沙很顺利地做完了这个表。）

萨 沙 $A \times B$有25个元素。这些元素都是罗马文字。

S 做得不错。像这样用一个表来表示两个集合的积，一看就明白。现在请罗伯特来回答，你知道

$$n(A) \times n(B) = n(A \times B)$$

是怎么回事吗？

罗伯特 知道。这个式子表明，集合A的元素的个数与集合B的元素的个数的乘积等于集合$A \times B$的元素的个数。

S 那么，再请米丽娅对

$$n(A) \times n(B) = n(A \times B)$$

做个说明。

米丽娅 好吧。画一个竖长为$n(A)$，横长为$n(B)$的长方形。那么，这个长方形的面积恰好等于$n(A \times B)$。

拿方才那个题来说，由于

$$n(A)=5$$
$$n(B)=5$$

因此，$A \times B$的元素的个数为25。

S 解释得很好啊。好，我们继续看下面的问题。

数学世界探险记

让1位数与1位数相加，总共能写出多少道题？

S 从 $\underset{+0}{0}$ 到 $\underset{+9}{9}$ 的(1位数)+(1位数)的加法，总共有多少道题？请把这些题全部写出来。

罗伯特 很显然，被加数可以从0取到9，加数也可以从0取到9。设

$A=\{x \mid x$是从0到9的被加数$\}$

$B=\{y \mid y$是从0到9的加数$\}$

那么，

$A \times B=\{\underset{+0}{0}, \underset{+1}{0}, \underset{+2}{0}, \underset{+0}{9}, \underset{+0}{9}, \cdots\}$。

这个集合里的所有元素，就是(1位数)+(1位数)的全部问题。

如果把A的元素横向排列出来，B的元素竖向排列出来，那么就可以做出一个表。

（罗伯特说完，就画出了下面的表。）

B\A	0	1	2	3	4	5	6	7	8	9
0	0 +0	1 +0	2 +0	3 +0	4 +0	5 +0	6 +0	7 +0	8 +0	9 +0
1	0 +1	1 +1	2 +1	3 +1	4 +1	5 +1	6 +1	7 +1	8 +1	9 +1
2	0 +2	1 +2	2 +2	3 +2	4 +2	5 +2	6 +2	7 +2	8 +2	9 +2
3	0 +3	1 +3	2 +3	3 +3	4 +3	5 +3	6 +3	7 +3	8 +3	9 +3
4	0 +4	1 +4	2 +4	3 +4	4 +4	5 +4	6 +4	7 +4	8 +4	9 +4
5	0 +5	1 +5	2 +5	3 +5	4 +5	5 +5	6 +5	7 +5	8 +5	9 +5
6	0 +6	1 +6	2 +6	3 +6	4 +6	5 +6	6 +6	7 +6	8 +6	9 +6
7	0 +7	1 +7	2 +7	3 +7	4 +7	5 +7	6 +7	7 +7	8 +7	9 +7
8	0 +8	1 +8	2 +8	3 +8	4 +8	5 +8	6 +8	7 +8	8 +8	9 +8
9	0 +9	1 +9	2 +9	3 +9	4 +9	5 +9	6 +9	7 +9	8 +9	9 +9

(嘟嘟看到罗伯特画出这样的一张表,从内心感到佩服。)

嘟 嘟 你真了不起呀,罗伯特!

(罗伯特听到嘟嘟的夸奖,感到有些不好意思。他用手指摁了摁往下滑落的眼镜。)

S 到现在为止,关于两个集合的积的讨论就算结束了。

萨 沙 那么,整个集合的讨论结束没有?

S 也结束了。看,机器人孩子们给瓷砖涂颜色的活儿早就干完了,现在已经把漂亮的瓷砖贴到墙上去了!

已知 $A=\{东,西,南,北\}$,$B=\{一段,二段,三段,四段\}$。求 $A\times B$ 和 $n(A\times B)$,并把 $A\times B$ 的全部元素都填到下表中。

探险队的队员们一个个地与机器人专家S握手告别。

S　你们即将成为中学生。上中学后，请常到这儿来玩。我等待着你们。

米丽娅　老师，实在感谢您啊！

S　祝大家愉快！

萨沙　机器人小朋友们，再见！

罗伯特　再见啦！

机器人孩子们　请再来！再见！与S先生和机器人孩子们的分别，使米丽娅他们心里感到很不是滋味。他们依依不舍地向S先生和机器人孩子们挥手致意。

数学世界探险记

答案

<第23页>

1. 正确。

2. 究竟多少算重?没有明确的范围。不正确。

3. 正确。

4. 没有明确的标准。不正确。

5. 正确。

<第28页>

1. $A=\{x\mid x$ 是不大于10的自然数$\}$；

   $B=\{x\mid x$ 是不大于10的奇数$\}$；

   $C=\{x\mid x$ 是不大于10的偶数$\}$；

   $D=\{x\mid x$ 是1周的曜日$\}$；

   $E=\{x\mid x$ 是1年的四季$\}$。

2. $A=\{1, 4, 7, 10, 13, 16, 19, 22, 25, 28, 31, 34, 37, 40, 43, 46, 49\}$；

   $B=\{$父，母，我，妹，弟$\}$。

3. $A=\{1, 3, 5, 7, 9\}=\{x\mid x$ 是被2除余1的不大于10的自然数$\}$；

   $B=\{3, 6, 9, 12, 18, 21, 24, 27, 30, 33, 36, 39, 42, 45, 48\}=\{x\mid x$ 是能被3整除的不大于50的自然数$\}$。

<第29页>

$3\in A$，$6\notin A$，$1\in A$，$9\in A$，$5\in A$，$A\ni 7$，$A\notni 12$，$A\ni 5$，$A\ni 1$，$A\ni 9$，$A\notni 10$，$A\notni 8$。

<第32页>

1，2，3，5是空集合。

<第35页>

1. A 有10个元素；B 有12个元素；C 有1个元素。

2. C，B，A。

<第38页>

1.

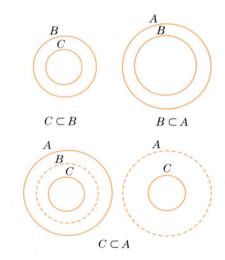

2. $A=\{1, 2, 3, 4, 5, 6, 7, 8\}$；

   $B=\{2, 4, 6, 8\}$。

   $A\supset B$，$B\subset A$。

3. $A=\{x\mid x$ 是日本关东地区的县$\}$；

   $B=\{y\mid y$ 是日本关东地区不临海的县$\}$。

   $A\supset B$，$B\supset A$。

<第41页>

1. 总共有8种可能情况(别忘了空集合)。

2. $\{a,b\}$，$\{a\}$，$\{b\}$，$\{\ \}$。

<第49页>

1. $A\cap B=\{2,4,6\}$。

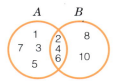

2. $A\cap B=\{3,7,25\}$。

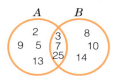

3. $A\cap B=\{z\mid z$ 是不大于12的3和4的公倍数$\}$。

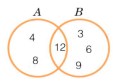

4. $A\cap B=\{z\mid z$ 是第一小学6年级的女生$\}$。

<第55页>

1. $A\cup B=\{z\mid z$ 是不大于20的3的倍数或4的倍数$\}=\{3,4,6,8,9,12,15,16,18,20\}$。

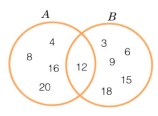

2. $A\cup B=\{0,10,20,30,40,60\}$。

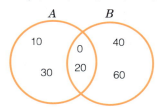

3. $A\cup B=\{z\mid z$ 是某班的男生或这个班戴眼镜的学生$\}$。

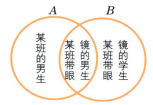

4. $A\cup B=\{z\mid z$ 是小于100的8的倍数或14的倍数$\}=\{8,14,16,24,28,32,40,42,48,56,64,70,72,80,84,88,96,98\}$。

<第59页>

$A=\{3,6,9,12,15,18\}$，

$B=\{1,3,5,7,9,11,13,15,17,19\}$。

$A\cup B=\{1,3,5,6,7,9,11,12,13,15,17,18,19\}=B\cup A$。

<第61页>

$A=\{3,6,9,12,15,18,21,24,27,30\}$，

$B=\{4, 8, 12, 16, 20, 24, 28\}$。

$A\cap B=\{12, 24\}=B\cap A$

<第65页>

1. 用列举式考虑，$A\cup B=\{0, 2, 3, 4, 6, 8, 9, 10, 12\}$，

$(A\cup B)\cup C=\{0, 2, 3, 4, 6, 8, 9, 10, 12, 18\}=A\cup(B\cup C)$。

维恩图如下。

2. 用列举式考虑。

$(A\cap B)\cap C=\{0, 6\}=A\cap(B\cap C)$。

维恩图如下。

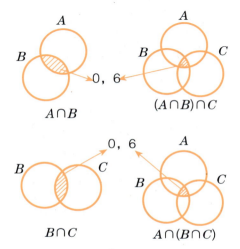

<第69页>

1. ① $A\cap B=\{2, 4, 6, 8, 10\}=A$。

② $A\cup B=\{1, 2, 3, 4, 5, 6, 7, 8, 9, 10\}=B$。

维恩图如下。

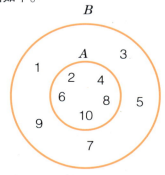

2. 设

$A=\{x\mid x$ 是机器人男孩子$\}$

$B=\{y\mid y$ 是机器人学校的机器人孩子$\}$

那么，$A\subset B$，$A\cap B=A$。

3. 设

$A=\{x\mid x$ 是不大于100的10的倍数$\}$

$B=\{y\mid y$ 是不大于100的自然数$\}$

那么，$A\subset B$，$A\cup B=B$。

<第71页>

① $B\cup C=\{3, 4, 6, 8, 9, 12, 15, 16, 18, 20\}$；

② $A\cap(B\cup C)=\{3, 4, 6, 8, 9, 12, 15, 16, 18, 20\}$；

③ $A\cap B=\{3, 6, 9, 12, 15, 18\}$；

④ $A\cap C=\{4, 8, 12, 16, 20\}$；

⑤ $(A\cap B)\cup(A\cap C)=\{3, 4, 6, 8, 9, 12, 15, 16, 18, 20\}$；

⑥ $A\cap(B\cup C)=(A\cap B)\cup(A\cap C)$。

<第72页>

1.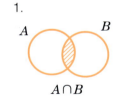
2.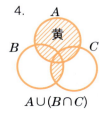
3.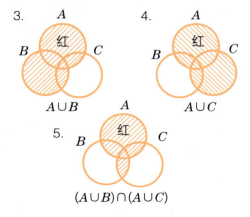

<第73页>

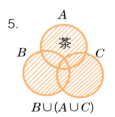
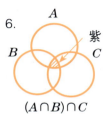
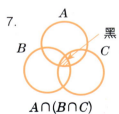
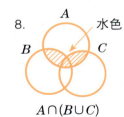
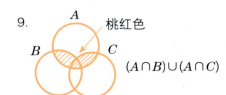

6. 根据维恩图，得知
$A \cup (B \cap C) = (A \cup B) \cap (A \cup C)$

<第79页>

1. $\bar{B} = \{1, 2, 3, 4, 5\}$。
2. $\bar{B} = \{1, 2, 4, 5, 7, 8, 10\}$。

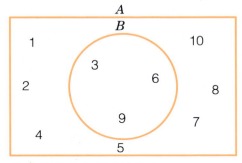

3. 这个班的女生组成的集合。
4.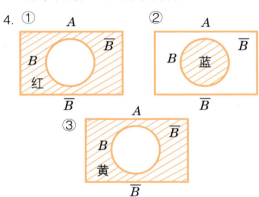

<第74页>

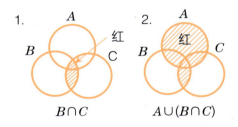

<第83页>

1. ① 红 $\overline{B}$ ② 蓝 $\overline{C}$

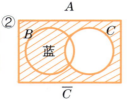

③ 黄 $\overline{B}\cap\overline{C}$ ④ 绿 $\overline{B}\cup\overline{C}$

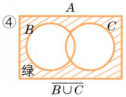

⑤ 黄 蓝 颜色重叠部分是 $B\cap C$ ⑥ 绿 $\overline{B}\cap\overline{C}$

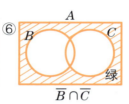

⑦ 桃红 $\overline{B}\cup\overline{C}$

2.(1) $\overline{B\cap C}=\{1,2,3,5,6,8,9,10\}$,

$\overline{B}\cup\overline{C}=\{1,3,5,6,8,9\}\cup\{1,2,3,5,6,10\}=\{1,2,3,5,6,8,9,10\}$。

$\overline{B\cap C}=\overline{B}\cup\overline{C}$。

(2) $\overline{B\cup C}=\{1,3,5,6\}$,

$\overline{B}\cap\overline{C}=\{1,3,5,6,8,9\}\cap\{1,2,3,5,6,10\}=\{1,3,5,6\}$。

$\overline{B\cup C}=\overline{B}\cap\overline{C}$。

维恩图如下。

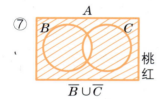

<第86页>

1. $n(A)=4$, 2. $n(B)=5$, 3. $n(C)=7$, 4. $n(D)=13$。

<第89页>

1. $34+29-20=43$。43人。

2. $32+26-23+3=38$。38人。

3. $n(A\cap B)=n(A)+n(B)-n(A\cup B)=12+9-16=5$。5人。

4. $n(A)=n(A\cup B)+n(A\cap B)-n(B)=38+19-36=21$。21人。

<第91页>

1. 在某个班里，戴眼镜的8人，有龋齿的35人，既戴眼镜又有龋齿的6人，并且没有既不戴眼镜又没有龋齿的人。问这个班总共有多少人？

2. 某班总共有20个孩子。在吃零食时，吃巧克力糖的有13人，吃麦芽糖的有16人，并且没有这两种糖都不吃的人。问这两种糖都吃的有多少人？

3. 某班总共有35人。喜欢吃面包的有28人，既喜欢吃面包又喜欢吃米饭的有17人，并且没有这两样东西都不喜欢吃的人。问喜欢吃米饭的有多少人？

<第98页>

1. ①，④，⑤

2. $A=\{2,4,6,8,10\}$。

3. ① $A=\{x\mid x$是不大于20的4的倍数$\}$;

② $B=\{y\mid y$是不小于4又不大于20并且用3除余1的数$\}$。

4. $A=\{1, 2, 3, 4, 5, 6, 7, 8, 9, 10\}$。

   $A \ni 3$，$8 \in A$，$A \ni 5$。

5. $A=\{\ \}$，$A=\Phi$，$A=\{\ \}=\Phi$。

<第99页>

6. $\{a, b, c\}$，$\{a, b\}$，$\{b, c\}$，

   $\{a, c\}$，$\{a\}$，$\{b\}$，$\{c\}$，$\{\ \}$。

7.

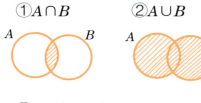

8.

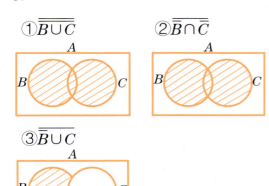

9. 集合A：喜欢单杠的人；集合B：喜欢投球游戏的人；集合C：喜欢软式棒球的人。把A，B，C用维恩图表示出来。

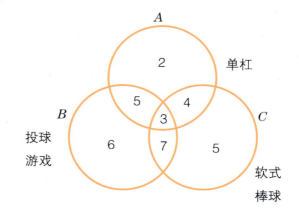

①2人；

②6人；

③5人；

④$14+21+19-8-7-10+3=32$，$39-32=7$。7人。

<第107页>

$2^4=16$。16种。

<第109页>

1. $2 \times 4 \times 3=24$。24个。

2. $3 \times 5=15$。15种。

<第111页>

1. $5^2=25$。25个。

2. $9^4=6\,561$。6 561个。

<第113页>

$9 \times 8 \times 7=504$。504个。

<第115页>

1. $6 \times 5 \div 2=15$。15条。

2. $8 \times 7 \div 2=28$。28条。

3. $8 \times 7=56$。56次。

4. $4 \times 3=12$。12次。

数学世界探险记

6. 362 880种(9×8×7×6×5×4×3×2×1=362 880)。

7. 120种。

8. 淘汰赛23场,循环赛276场。

<第125页>

$n(A×B)=n(A)×n(B)=4×4=16$。

<第117页>

1. ① 5场。 ② 15场。

2. 12×11÷2=66。66条。

<第119页>

1.

一郎(游泳)
 ├─二郎(游泳)
 │ ├─三郎(游泳)
 │ └─三郎(不游泳)
 └─二郎(不游泳)
    ├─三郎(游泳)
    └─三郎(不游泳)

一郎(不游泳)
 ├─二郎(游泳)
 │ ├─三郎(游泳)
 │ └─三郎(不游泳)
 └─二郎(不游泳)
    ├─三郎(游泳)
    └─三郎(不游泳)

$2^3=8$。8种。

2. $\{a, b, c, d\}$, $\{a, b, c\}$, $\{b, c, d\}$, $\{a, c, d\}$, $\{a, b, d\}$, $\{a, b\}$, $\{b, c\}$, $\{c, d\}$, $\{a, b\}$, $\{b, d\}$, $\{a, c\}$, $\{a\}$, $\{b\}$, $\{c\}$, $\{d\}$, $\{\ \}$。

3. $A=\{3, 6, 9\}$, $m=3$。

A的子集合为$\{3, 6, 9\}$, $\{3, 6\}$, $\{6, 9\}$, $\{3, 9\}$, $\{3\}$, $\{6\}$, $\{9\}$, $\{\ \}$。共计8个。

4. 4种(设4个打外场的队员为a, b, c, d,那么选法有$\{a, b, c\}$, $\{a, b, d\}$, $\{a, c, d\}$, $\{b, c, d\}$。

5. 120种(5×4×3×2×1=120)。

B\A	东	西	南	北
四段	东四段	西四段	南四段	北四段
三段	东三段	西三段	南三段	北三段
二段	东二段	西二段	南二段	北二段
一段	东一段	西一段	南一段	北一段
	东	西	南	北